臺灣歷史與文化 研究輯刊

八 編

第 3 冊

日據時期台灣留日學生與戰後台灣政治（下）

李 躍 乾 著

花木蘭文化出版社

國家圖書館出版品預行編目資料

日據時期台灣留日學生與戰後台灣政治（下）／李躍乾 著
— 初版 — 新北市：花木蘭文化出版社，2015〔民104〕
目 6+170 面；19×26 公分
（臺灣歷史與文化研究輯刊 八編；第3冊）
ISBN 978-986-404-429-0（精裝）
1. 臺灣政治 2. 留學生 3. 日據時期
733.08   104015131

ISBN- 978-986-404-429-0

9 789864 044290

臺灣歷史與文化研究輯刊
八 編 第 三 冊   ISBN：978-986-404-429-0

日據時期台灣留日學生與戰後台灣政治（下）

作　　者　李躍乾
總 編 輯　杜潔祥
副總編輯　楊嘉樂
編　　輯　許郁翎
出　　版　花木蘭文化出版社
社　　長　高小娟
聯絡地址　235 新北市中和區中安街七二號十三樓
　　　　　電話：02-2923-1455／傳真：02-2923-1452
網　　址　http://www.huamulan.tw 信箱 hml 810518@gmail.com
印　　刷　普羅文化出版廣告事業
初　　版　2015 年 9 月
全書字數　286687 字
定　　價　八編 29 冊（精裝）台幣 58,000 元

日據時期台灣留日學生與戰後台灣政治（下）

李躍乾　著

目
次

圖表目次

第五章　臺灣留日學生與政黨輪替

在中國臺灣實行美國式的政黨政治制度，這是胡適、雷震等自由主義知識分子的政治理想。1950 年代，他們在自己創辦的《自由中國》雜誌上系統地、全面地向臺灣人民介紹了政黨政治理論。他們希望建立新黨派在選舉中制衡國民黨，並最終能在臺灣實現和平的政黨輪替。

如在導論中所述，早在日據時期，臺灣留日學生就曾經追求過日本式的立憲政治，而日本的立憲政治中也包括政黨政治體制。戰後，在美軍的控制和指導下，日本學習美國式的政黨政治制度。所以，在組織新政黨和實現政黨政治理想方面，臺灣留日學生和大陸籍的自由主義知識分子有著共同的追求與合作的可能性。

戰後，臺灣有三次組織新政黨的運動。第一次組黨運動發生在 1960 年代，是由《自由中國》雜誌的編輯們聯合臺灣留日學生發動的，因雷震被捕而失敗。第二次組黨運動發生在 1970 年代，臺籍黨外人士以《臺灣政論》、《美麗島》雜誌為中心，為了選舉而組成的「臺灣黨外人士助選團」，是沒有黨名的政黨。由於「美麗島事件」爆發，1970 年代的黨外組黨運動被迫終止。第三次組黨運動，最終結果是 1986 年 9 月 28 日民進黨的成立。

在臺灣政壇的政黨輪替上，臺灣留日學生所起的作用，主要表現在兩個大方面：第一，從 1960 到 1980 年代，直接參與組建新黨派的活動，這方面的人數眾多。第二，在國民黨統治的體制內支持民進黨的成立，幫助民進黨執政。這方面的代表人物是李登輝。但是，通過政黨輪替實現「臺獨」圖謀，這是李登輝、彭明敏等人的創造，違背了胡適、雷震等中國大陸籍知識分子的初衷。

　　目前，有關政黨輪替這一歷史事件的個人傳記、回憶錄、資料集、研究論文、專著已經出版很多，詳見本書所徵引的有關資料，為今後的研究工作奠定了基礎。但是，對於留日學生對政黨輪替的重大影響，現有的研究都是從微觀角度進行的，因而數據零碎、結論單一片面，更無法揭示發生政黨輪替的歷史背景、社會階級基礎、政治思想根源等。對於戰後 50 年間留日學生在臺灣政黨輪替中所發揮的作用，本章首次從宏觀角度進行了比較深入的研究，得出了自己獨到的結論：

第一，臺灣留日學生這個社會階層，是新政黨最主要的社會階級基礎之一。

第二，臺灣政黨政治文化的根源，有中國大陸、美國、日本等幾個，中國大陸、美國的政黨政治文化，主要是由中國大陸籍知識分子和開明官僚宣傳的，例如，1950 年代，雷震在《自由中國》雜誌上系統地介紹了陳獨秀晚年的政治思想，並給予高度的評價。日本的政黨政治文化，則主要是由日據時期臺灣留日學生宣傳的。

第三，戰後日本的政黨政治文化，通過李登輝等留日學生中的精英人物影響了臺灣的政黨輪替。對於李登輝在政黨輪替這一歷史事件中的活動和作用，本章首次從宏觀角度進行了研究和概述。

第一節　留日學生與 1960 和 1970 年代的組黨運動

　　組織新政黨運動，是由臺灣地方自治選舉引起的，也是圍繞地方自治選舉發生發展的。由於不滿於選舉現狀，非國民黨人士就批評國民黨包辦選舉，並謀求改進，而改進的根本辦法就是建立一個能與國民黨抗衡的強有力的反對黨。第四章已經做了分析，留日學生是臺灣地方自治選舉的主導力量，因而對國民黨包辦選舉的種種弊端感受最深。他們又具有政治文化上的優勢，故在組建新黨方面貢獻也最大。

一、組黨運動中著名的留日學生

　　第一次組黨運動，出現在 1960 年前後。為了貫徹民主政治理念，實現政黨政治的理想，《自由中國》雜誌發行人雷震結合民社黨、青年黨，以及臺灣地方領袖籌組「中國民主黨」。但在組黨前夕，1960 年 9 月 4 日，雷震被捕，

戰後臺灣第一次組黨運動終告失敗。〔註1〕參加這次組黨運動的中國大陸籍代表人物，有雷震、蔣勻田、謝漢儒、朱文伯、夏濤聲、齊世英、傅正等人。而臺籍代表人物或者說臺灣地方領袖，除李萬居、余登發等人之外，絕大多數都是留日學生：吳三連、高玉樹、郭雨新、郭國基、楊金虎、許世賢、劉明朝、石錫勳、黃玉嬌、郭發、王燈岸、李源棧、李秋遠、李茂松、陳彩龍、蘇東啓、黃振三、黃千里、楊基振、郭秋煌、葉廷珪、王吟貴等。他們是第一次組黨運動名副其實的骨幹力量。

　　參加1970年代組黨運動和1980年代組建民進黨的留日學生，主要有黃信介、黃順興、黃玉嬌、張深鑐、蘇東啓、許世賢、高俊明、高李麗珍等人。〔註2〕其中，黃信介還是這兩次組黨活動的領袖人物。

　　下面介紹三次組黨運動中最具有代表性的幾個人物，從他們的歷史活動中，我們可以看出留日學生對臺灣政黨政治發展所做出的巨大貢獻：

　　吳三連，東京商科大學畢業，日據時期臺灣民族民主運動的骨幹分子，臺灣文化協會會員，光復後，曾出任臺北市長、省政府委員等職。〔註3〕

　　高玉樹，1941年早稻田大學畢業。在陳重光的推動下，高玉樹參加了1951年首屆臺北市長選舉。留日學生陳重光，非常鄙視國民黨推薦的那些參選者，主動把高玉樹的數據拿去登記，極力推動高玉樹參選。而高玉樹本人也與國民黨有很深的恩怨。1946年，因「澀谷事件」，高玉樹被中國駐日軍事代表團押送到上海關押了92天。他由此認識了中國貪官污吏的腐敗冷酷。〔註4〕他和李萬居於1960年10月17日發表聲明，揭露國民黨政府逮捕雷震的陰謀：不只在阻止組黨和瓦解《自由中國》，其最大的目標是威嚇外省人，使其不得再與臺灣人合作進行政治運動。〔註5〕「雷震被捕後，國民黨地方法院半個月內傳訊高玉樹四次，高拒絕到庭。」〔註6〕

　　黃順興，熊本農校畢業，1963年，在臺東縣，他和國民黨提名的臺東首

〔註1〕　陳世宏、周琇環編著：《組黨運動——戰後臺灣民主運動史料彙編（二）》，臺北，國史館，2000年，第5、6頁。

〔註2〕　廖忠俊：《臺灣地方派系的形成發展與質變》，第120～123頁。

〔註3〕　前引《吳三連回憶錄》，第207頁。

〔註4〕　黃富三主持：《臺北歷屆市長議長口述歷史》，臺北市文獻委員會，2001年，第18、19頁。

〔註5〕　《臺灣民主運動40年》，第81頁。

〔註6〕　黃富三主持：《臺北市歷屆市長議長口述歷史》，第24頁。

富洪掛,一對一競選省議會議員,最後敗選。〔註7〕1964年,黃順興又和國民黨的張振雄競選臺東縣長。他參選的原因,就是要破除無人競選的惡例,「只要縣級以上而沒有別人和國民黨的候選人競選的,我就登記參選」。黃順興當選臺東縣長後,在議員、鄉鎮長等選舉中,臺東縣的無黨派人士紛紛當選。這是黃順興支持的結果。《公論報》被關閉後,黨外政治人物的興論受到了沉重的打擊。黃順興就在臺東扶植《自立晚報》。黃順興是《美麗島》編輯暨黨外候選人聯誼會四個發起人之一。該聯誼會下設憲政組和法規組,法規組組長是黃順興。聯誼會「對喚起民眾政治意識,發展民主運動,不遺餘力。」〔註8〕

王燈岸,從1934年開始,在日本留學、做官10年。1944年初,他辭官返回臺灣。1952年,王燈岸參選彰化縣議員落選。此後,他一再投入彰化的大小選舉活動,希望藉此不斷地向民眾灌輸民主理念。1954年,王燈岸出任石錫勳競選彰化縣長的總幹事。失敗後,他認為,要有個團體做有組織的選舉活動。1957年,第三屆縣市長、臨時省議員選舉前,王燈岸向彰化縣長候選人石錫勳建議:仿傚英國工黨。1978年,王燈岸協助黃石城競選「立委」。王登岸還曾擔任過姚嘉文的國大代表競選總幹事。1979年8月,王燈岸擔任《美麗島》雜誌社委員。〔註9〕

葉廷珪,臺南大地主,留學明治大學法學部,攻讀憲法,日據時期第一、二屆臺南市會議員,光復初以戰犯罪名被捕,但很快被釋放。〔註10〕他積極地參加歷屆縣市長的競選,政治熱情十分高漲。

石錫勳,1923年去東京醫專留學。光復初期加入國民黨,1947年黨團合併,石錫勳沒有辦理黨員歸隊手續,自動放棄了國民黨黨籍。1954年,他參選彰化縣長失敗,1963年,他參加第三屆省議員選舉,仍是高票落選。1968年第六屆縣長選舉,石錫勳仍不屈不撓地參選。〔註11〕

張深鑣,1925年東京齒科學校畢業,在臺中開設昭和齒科醫院,1935年

〔註7〕 前引《走不完的路——黃順興自述》,第83頁。
〔註8〕 劉峰松:《美麗島雜誌社編輯會議暨黨外候選人聯誼會成立會議》,前引《組黨運動——戰後臺灣民主運動史料彙編（二）》,第172頁。
〔註9〕 張炎憲等:《臺灣近代名人誌》第2冊,第249頁。
〔註10〕 謝國興:《府城紳士——辛文炳和他的志業》,臺北,南天書局,2000年,第136頁。
〔註11〕 《磺溪老人——石錫勳》,《八十年代》周刊,1985年10月。

當選民選臺中市會議員。1951 年，張深鑷參選首屆市長失敗之後，就對國民黨嚴重不滿。1986 年，民進黨建立後，張深鑷十分高興。他認為，民進黨只有廣收人才，才能不斷發展壯大。〔註12〕

黃玉嬌，1919 年生，昭和藥科大學畢業。1984 年 5 月 11 日，當選「黨外公職人員公共政策研究會」理事，1986 年 9 月 28 日，參加民進黨成立大會，任中央評議委員。

臺灣歷次組建新政黨的運動，都和臺灣地方自治選舉密切結合在一起。留日學生這個精英階層，由於有著優越的文化資本，政治積極性很高。他們不滿國民黨一黨包辦選舉，不滿自己的政治地位，因而積極參加各項政治選舉。就是為了選舉的公正和自己的勝選，這些人才一步一步走上了組織新黨派的道路。

這些人參加組黨活動的思想根源，是他們十分熟悉的日本的政治文化。在黨外留日學生看來，有兩點很重要：一、臺灣選舉弊端的根源在於國民黨一黨包辦，真正的民主選舉理應是多黨平等競爭；二、除了 1940 年到 1945 年短暫的中斷之外，無論戰前或戰後，至少在形式上日本都是多黨制下的政治選舉。

二、臺灣留日學生宣傳組建新政黨的原因、目的和意義

具有優越文化資本的留日學生，有能力批判國民黨包辦選舉的弊端、宣傳政黨政治的優越性，也有能力有勇氣領導新政黨的成立。戰後首先公開批評選舉的留日學生是陳逸松。在 1946 年 3 月 25 日出版的《政經報》上發表《統論今日各般的問題》一文中，他認為臺灣行政長官公署對選舉的準備及方法不當，沒有廣泛宣傳民意機關的內容意義，民眾投票率不高。〔註13〕

從此之後一直到 1986 年 9 月民進黨成立，大批留日學生，包括省參議員郭國基、劉傳來、林璧輝、韓石泉，省議員郭雨新、郭秋煌、郭國基、吳三連、許世賢等，立法委員許世賢、黃信介等，歷屆縣市長省議員候選人吳三連、高玉樹、楊金虎、石錫勳、李茂松、葉廷珪、蘇東啓、黃玉嬌、黃順興等，分別在省參議會、省議會、立法院、選舉改進座談會等場合，持續不斷地批判國民黨包辦選舉的種種弊端，竭力呼籲建立可以制衡國民黨的新政黨。

〔註12〕廖忠俊：《地方派系的形成發展與質變》，第 256 頁。
〔註13〕歐素瑛：《地方自治與選舉——戰後臺灣民主運動史料彙編（二）》，第 73 頁。

（一）痛批國民黨包辦選舉的種種弊端腐敗

1. 國民黨政府拖延省縣市參議會議員改選，政治上無信。由於在國共內戰中失敗，國民黨施行「憲政」的諾言無法兌現。根據《省縣市參議會組織條例》，參議員任期 2 年，第一屆省縣市參議員 1948 年 3 月任期已滿，本應依法改選，但國民黨一再拖延。對此，省參議員劉傳來、郭國基、林璧輝等人，在 1948 年 12 月召開的省參議會第一屆第六次大會上提出批評，並要求迅速改選省、縣、市參議員。郭國基認為，國民黨政府「實屬違反議員和選民雙方之契約，有不順民意之嫌。」〔註 14〕在 1949 年 12 月的省參議會第一屆第八次大會上，韓石泉提出了《確定本會參議員改選日期案》，劉傳來、梁道、謝水藍聯署支持。〔註 15〕

2. 選舉所需經費巨大，貧而賢者根本無法參加選舉。在 1948 年 7 月召開的省參議會第一屆五次大會上，郭國基提出議案，建議政府製定和頒佈限制選舉費用辦法。國大代表、立法委員參選者花費最多千萬元以上，最少二、三百萬，致使貧而能者無法參加選舉。〔註 16〕在臨時省議會第一屆第三次大會上，省議員郭秋煌也提出質詢說：臺灣的選舉「根本沒有自由競選，有提名干涉的事實……沒有錢，根本沒有辦法」。〔註 17〕

3. 軍警、公務員、教師等公職人員，公開協助國民黨提名的候選人競選。

4. 各地選舉監察小組的召集人，完全由國民黨地方黨部主任、委員兼任。

5. 各地投票所、開票所監察員，都由國民黨推薦。

6. 廢票無效票不能公開檢查監督。

7. 現任縣市長參加下屆競選者，利用公共資源做競選活動之用。〔註 18〕

8. 所有地方的選舉都有舞弊行為。〔註 19〕

所以，楊金虎甚至認為，「臺灣同胞過去在日據時代，……過著非人的生活，但那時日本人辦理的選舉，比諸現在的各項選舉似乎還略勝一籌。」

〔註 14〕歐素瑛：《地方自治與選舉——戰後臺灣民主運動史料彙編（五）》，第 256 頁。
〔註 15〕歐素瑛：《地方自治與選舉——戰後臺灣民主運動史料彙編（五）》，第 276 頁。
〔註 16〕歐素瑛：《地方自治與選舉——戰後臺灣民主運動史料彙編（五）》，臺北，國史館，2001 年，第 245 頁。
〔註 17〕歐素瑛：《地方自治與選舉——戰後臺灣民主運動史料彙編（五）》，第 620 頁。
〔註 18〕歐素瑛：《地方自治與選舉——戰後民主運動史料彙編（五）》，第 301 頁。
〔註 19〕謝漢儒：《早期臺灣民主運動與雷震紀事——為歷史留見證》，臺北，桂園圖書公司，2002 年，第 170～171 頁。

〔註20〕參加第三屆省議員選舉的石錫勳也認為，「這種選舉太不民主、自由了！」〔註21〕

留日學生還和中國大陸籍的民主人士一道，就這些問題與國民黨進行了不懈的交涉。在1957年4月11日召開的黨外縣市長候選人座談會之後，他們向國民黨提出五項議案，要求國民黨改進選舉。1960年3月18日，吳三連、郭雨新、李秋遠、楊金虎、郭發等人，把改進選舉的15點意見提交給國民黨和媒體，要求在野政黨和國民黨共同辦理選舉。但是，對於他們的意見，國民黨不予理睬，拒絕接受。〔註22〕

對國民黨一黨包辦的選舉，批評越來越多，但國民黨不思根本改變，臺籍精英就急謀組織新政黨進行抗衡。

（二）臺灣留日學生宣傳新政黨的性質、目的和意義

由於上述原因，留日學生認為，只有建立相互制衡的新政黨，才能改變國民黨主辦的不民主、不公平的選舉，才能實現政黨政治的理想，才能提高臺灣在國際上的地位。

1. 建立新政黨，是制衡國民黨的需要。楊金虎認為，想把臺灣的選舉辦好，只有組織一個強有力的在野黨，來對抗執政的國民黨。〔註23〕郭國基建議，弱小的民社、青年兩黨解散，並和臺灣民主人士組織一個有力的新黨，發揮民主的力量，保證公平的選舉。〔註24〕

2. 建立新政黨，是實行民主政治、政黨政治的需要。立法委員許世賢多次在立法院提出：民主政治即是政黨政治，應早日製定政黨法，開放黨禁，允許新政黨產生，以重民意〔註25〕「我們是民主國家，一定要站在政黨政治的路上，……民主政治一定要從政黨政治開始，我們不要怕新的政黨，所以我們的政黨政治有檢討的必要。」〔註26〕「政黨之新設，人民之渴望，而且對現代化民主政治有益，並無損害或不妥之處，此乃民主政治之真實表現，以共同為『國家』前途分憂。」立法委員黃信介等也在「立法院」提出：「執

〔註20〕前引謝漢儒書，第168頁。
〔註21〕引謝漢儒書，第106頁。
〔註22〕前引謝漢儒書，第141頁。
〔註23〕前引謝漢儒書，第168～169頁。
〔註24〕前引謝漢儒書，第179頁。
〔註25〕臺北，《立法院公報》第62卷第15期，會議記錄，第40頁。
〔註26〕臺北，《立法院公報》第65卷第19期，第15、16頁。

政黨應該以開闊的胸襟,接納意識形態不同的政黨出現,引導所謂『黨外人士』走入民主體系」。〔註27〕黃信介堅信,民主是時代的潮流,擋也擋不住!

3. 建立新政黨,能夠提高臺灣的國際地位。在 1960 年 7 月 23 日召開的「嘉雲地區座談會」上,高玉樹發言指出:民主乃反抗極權的唯一武器。實現民主必先辦好選舉。海外自由世界人士,對新政黨的組織,極表贊許和支持。新黨早日組成,能夠提高臺灣在國際上的地位。〔註28〕

4. 未來建立的新政黨,不是「臺獨」黨,不是暴力黨,而要走和平發展的路線。在 1960 年 7 月 19 日召開的「臺中地區」座談會上,石錫勳指出,「中國地方選舉改進座談會」(下文簡稱「選改會」)為組黨鋪路,為了和國民黨抗衡,和「臺獨」無關。今天的問題,不是本省人和外省人的問題,而是統治者和被統治者之間的問題。早日成立新政黨,使政治民主化。〔註29〕高玉樹嚴厲地批評了誇大省籍矛盾的說法。「我們今天組織反對黨,是民主的反對黨,不是暴力的反對黨。……必須遵守民主程序以達到我們組黨的目的。」〔註30〕

由於留日學生的大力宣傳和解釋,消除了臺灣社會對新政黨是「臺獨」黨、暴力黨的種種疑慮,使各地方希望選舉公平的人士敢於參加「選改會」組織的座談會,並開始贊同新政黨早日成立。

後來成立的民進黨,開始也遵循著高玉樹等人提出的路線。但是,1990年代初,海外的「臺獨」勢力和島內的基督教長老教會滲透進來,使民進黨逐步地演變成了「臺獨」黨。

三、臺灣留日學生在新黨組織活動中的作用

1960 年代的組黨運動,雖然是由雷震領導的,但在組織活動上留日學生卻最積極主動,他們從 1957 年就開始舉辦選舉改進座談會,這是「中國民主黨」組織建設的開始。隨後的組織活動都是以留日學生為中堅力量,直到 1960年 9 月新黨夭折。

1. 吳三連、高玉樹是籌組新黨活動最核心的人物,另外 2 人是雷震和李萬居。雷震還希望吳三連出面領導新黨建立。雷震認為組建反對黨有三個關

〔註27〕臺北,《國民黨攔得住組黨的潮流嗎?》,《八十年代》社論,1979 年 11 月。
〔註28〕前引謝漢儒書,第 286 頁。
〔註29〕前引謝漢儒書,第 284 頁。
〔註30〕前引謝漢儒書,第 287 頁。

鍵：第一，民、青兩黨放棄門戶之見；第二，國民黨中開明人士挺胸而出，支持組織反對黨；第三，本省民主人士能成為「中國地方選舉改進座談會」的中堅分子。〔註31〕吳三連贊同並願意在雷震領導下組黨，但雷震卻希望吳三連出來領導。〔註32〕1960 年 6 月 4 日，雷震、李萬居等 9 人，在會上又希望以吳三連爲中心來組黨。但吳三連卻主張，先做「選改會」，慢點組黨。高玉樹也希望由雷震、李萬居、吳三連等共同負責，吳三連只作爲領導人之一。〔註33〕

　　根據雷震 1960 年 5 月 19 日的日記所載，「關於組黨問題，戴先生意見認爲把臺灣人搞起來了，大陸人將來要受其欺壓的……。我說明這次會議，我非主動者，但是贊成人，我們不參加，他們也要自動的出來組織，因選舉舞弊太甚，而南韓事件又鼓勵了他們，我們參加之後，還可防止惡化，大家（夏濤聲、殷海光）不贊成我去領導」。〔註34〕

　　在推動「選改會」工作上，雷震再次希望高玉樹、謝漢儒多負責。〔註35〕「選改會」演變成反對黨，首先要化解省籍隔閡。高玉樹代表臺灣地方人士向雷震表態說，這個問題，時間可以解決。臺、澎居民，除數十萬高山同胞外，全是大陸來的漢族，絕不做數典忘祖出賣靈魂的事。高玉樹還希望「選改會」多安排外省籍的政治家、學者、專家，雷震深表贊同。

　　總之，吳三連、高玉樹是首次組黨運動的中心人物，雷震希望由他們出面領導，但吳三連迫於國民黨壓力而出走。

　　2. 留日學生是籌組新黨組織活動中的中堅力量。1957 年 4 月 11 日，第三屆臨時省議員、縣市長候選人選務改進座談會，在臺中市召開。聯絡人是郭發、王燈岸、石錫勳，發起人是石錫勳、楊基振、何春木。有 21 位候選人出席，其中留日學生占到半數。〔註36〕5 月 18 日，高玉樹等 38 人又在臺北召開選舉檢討會，楊金虎任會議主席。〔註37〕這次會議上，78 人共同發起籌組「臺灣地方自治選舉法規研究會」，其中又產生了 39 位籌備委員，留日學生

〔註31〕前引謝漢儒書，第 211～213 頁。
〔註32〕吳三連口述、吳豐山撰記：《吳三連回憶錄》，自立晚報社文化出版部，1991年，第 157 頁。
〔註33〕前引謝漢儒書，第 233 頁。
〔註34〕《雷震全集》第 40 冊，第 310、311 頁。
〔註35〕前引謝漢儒書，第 188 頁。
〔註36〕前引謝漢儒書，第 105 頁。
〔註37〕前引謝漢儒書，第 119 頁。

有吳三連等 20 人左右。〔註 38〕

「選改會」於 1960 年 5 月 18 日成立，十幾名留日學生參加。〔註 39〕其中吳三連、高玉樹、楊金虎、許世賢、郭雨新等還是主席團成員。這個主席團負責確定「選改會」委員的名單，審議組織章程及會議章則等七種。〔註 40〕6 月 25 日，40 多人的「選改會」委員會成立，推定吳三連、高玉樹、郭國基、李源棧、石錫勳、許世賢、黃玉嬌等十幾人為召集人。〔註 41〕7 月 19 日，「選改會」召集人第三次會議在臺中縣議長王地的家中舉行。雷震、李萬居、郭雨新、高玉樹、楊金虎、許世賢、李源棧等參加者，確定新黨名稱為「中國民主黨」〔註 42〕

3. 「選改會」對各縣市地方人士進行大規模的動員，主要的依靠力量是留日學生。「選改會」召集人決定，在臺北地區、新竹地區、臺中地區、嘉雲地區、臺南地區、高屏地區、東部地區七個地區進行座談會，動員本省人士支持新黨成立。〔註 43〕這項艱苦的群眾動員工作，主要依靠社會關係資本雄厚的留日學生的支持，才能順利完成。

1960 年 7 月 19 日，「選改會」在臺中市舉行「臺中地區座談會」，該區四縣市 80 多人參加，由王地、石錫勳、何春木主持。各地方領袖發言踴躍，指責國民黨操縱選舉；盼望早日成立反對黨，改進選舉。〔註 44〕7 月 23 日，在嘉義市召開「嘉雲地區座談會」，許竹模、許世賢、蘇東啓主持，地方人士百人參加。原定 7 月 30 日舉行的「臺南地區座談會」，因召集人葉廷珪攻擊吳三連而延誤消失。〔註 45〕7 月 31 日，「選改會」第四次召集人會議在高雄市楊金虎診所召開，除雷震等人外，留日學生郭雨新、高玉樹、許世賢等參加，討論新黨政綱問題，決議組織雷震、夏濤聲、齊世英、許世賢、高玉樹五人項目小組負責進一步研討。隨後又召開「高屏地區座談會」，由楊金虎、李源棧、林清景主持。地方人士 80 多人參加。由於受到軍警的干涉，

〔註 38〕前引謝漢儒書，第 126 頁。
〔註 39〕臺北，《自由中國》第 22 卷 11 期，1960 年 6 月 1 日。
〔註 40〕前引謝漢儒書，第 209 頁。
〔註 41〕《公論報》1960 年 6 月 27 日。
〔註 42〕前引謝漢儒書，第 281 頁。
〔註 43〕前引謝漢儒書，第 270 頁。
〔註 44〕前引謝漢儒書，第 286、287 頁。
〔註 45〕前引謝漢儒書，第 293～295 頁。

與會人士發言激動，一致呼籲早組新黨。〔註46〕8 月 13 日舉行「新竹地區座談會」，黃玉嬌定在中壢進行，召集人雷震、高玉樹等十幾人參加，但地方人士只有 18 人參加，是因為受到了當地警方的干涉阻撓。〔註47〕9 月 1 日，組織新黨運動發言人雷震、李萬居、高玉樹，聯名發表《選舉改進座談會緊急聲明》：「我們雖然一致團結努力籌組新黨，但到現在所受的干擾與分化等情事，真是不勝枚舉。……我們發起人之一的吳三連於國民黨當局向他的事業集團施加壓力之下，不得不暫時出國 6 個月。」〔註48〕

4. 經濟資本雄厚的留日學生，為組建新黨提供了物質幫助。組建新黨需要大量經費，雷震多次希望吳三連、高玉樹為組建新黨活動籌款。〔註49〕1960年 5 月 25 日，在「選改會」首次主席團會議上。〔註50〕雷震希望高玉樹能負責「選改會」的財務委員會，負責捐款籌款。〔註51〕高玉樹說，新黨成立，捐錢不成問題。楊金虎捐出北投的房屋作為新黨辦公室。〔註52〕6 月 4 日，在「選改會」主席團會議上，高玉樹提出和吳三連、郭雨新三人一起負責財務委員會工作，負責籌款。高玉樹還堅定地說，「這次組黨，只許成功，不許失敗。」〔註53〕6 月 9 日，吳三連、高玉樹向雷震表示，願意籌款並捐五千元租房子。〔註54〕

總之，第一波組黨運動，表面上雖然是由中國大陸籍自由主義知識分子雷震等人領導的，而實際上，資本總量雄厚的留日學生才是中堅力量。組黨運動受到挫敗後，中國大陸籍知識分子被迫退出現實的政治圈子。

於是，第二波組黨運動就主要由本省人參加，且由留日學生黃信介、黃順興、黃玉嬌、王燈岸等人領導。黃信介，1928 年出生，在日本接受的中學教育。1978 年 10 月 6 日，他組織的「臺灣黨外人士助選團」在臺北成立，並宣佈黨外是目前臺灣的「第四黨」，將組成全省巡迴助選團，支持各地黨外人士的競選。10 月 31 日，該巡迴助選團發表《臺灣黨外人士共同政見》，向國

〔註46〕前引謝漢儒書，第 300～302 頁。
〔註47〕前引謝漢儒書，326 頁。
〔註48〕《臺灣民主運動 40 年》，第 77 頁。
〔註49〕前引謝漢儒書，第 194、195 頁。
〔註50〕前引謝漢儒書，第 199 頁。
〔註51〕前引謝漢儒書，第 209 頁。
〔註52〕《雷震日記》，《雷振全集》第 40 冊，臺北，1960 年 8 月 28 日，第 389 頁。
〔註53〕前引謝漢儒書，第 228～229 頁。
〔註54〕前引謝漢儒書，第 231 頁。

民黨呼籲「開放黨禁」。〔註55〕12 月 5 日,「全國黨外候選人座談會」在臺北市舉行,黃信介、黃玉嬌、姚嘉文擔任主席。〔註56〕1979 年 8 月,黃信介又創辦了《美麗島》,旨在推動新生代的政治運動。

1960 年代和 1970 年代兩波組黨運動,爲 1980 年代民進黨的成立奠定了思想、政治、組織基礎。例如,民進黨的性質、成立方式等方面,都借鑒了「中國民主黨」。在黨綱上,它不過度標榜主義,只要民主、自由、制衡等改革目標即可;在組織上,它要求不夠嚴密;黨紀也比較鬆散等。〔註57〕

在總結前兩次組黨運動經驗教訓的基礎上,民進黨於 1986 年 9 月比較順利地成立了,從此在根本上打破了國民黨幾十年的「黨禁」,也逐漸改變了島內的基本政治格局。

第二節　李登輝對政黨輪替的重大影響

戰後日本政黨政治文化對臺灣的影響,主要是通過李登輝實現的。如前文所述,臺灣光復初期,國民黨就提拔重用一些在中國大陸參加抗戰和政治上靠近國民黨的臺灣留日學生,但這遠遠不能滿足整個臺灣留日學生這個社會階層的旺盛需求。1970 年代,在國民黨所謂「本土化」的方針政策下,李登輝等臺灣留日學生得到了提拔重用。李登輝從一個普通的農業經濟專家成長爲一個炙手可熱的政治人物,完全是蔣經國一手扶植的。李登輝也始終自稱是「蔣經國學校」畢業的。

在日據時期臺灣留日學生這個社會階層之中,李登輝是崇奉日本政治文化最傑出最著名的代表人物。如在第三章裏所述,李登輝十分好學,大量閱讀日文書籍,精通日本文化,虔誠地信奉日本哲學。他野心勃勃,在政治上得意之後,就致力於從日本哲學那裏尋找「臺獨」立國的哲學基礎,企圖建立所謂「臺灣意識」的哲學核心。

在現實的政治實踐活動中,李登輝主要學習日本的政治經濟制度和治國經驗。當上臺北市長後,他就開始學習日本。當上中華民國總統後,李登輝

〔註55〕前引書《組黨運動——戰後臺灣民主運動史料彙編(二)》,第 152 頁。

〔註56〕薛元化主編:《臺灣歷史年表》(終戰篇二,1966～1978),臺北,聯經出版社,1990 年 12 月。

〔註57〕謝長廷:《有關柔性政黨的補充說明(民國 71 年 9 月 16 日)》,同前引《組黨運動——戰後臺灣民主運動史料彙編(二)》,第 291 頁。

一再強調，要學習「日本列島改造論」，〔註58〕要學習「日本的三代建國論」，在經濟上要與日本做垂直分工、要把臺灣的工商聯合會改造成日本式的「經團聯」，等等。〔註59〕

所謂「經團聯」是 1946 年 8 月成立的經濟團體聯合會，是日本財界的中心組織，主要是聯絡和協調各經濟團體、發表關於經濟、財政的聲明和意見書、對政局發表意見。〔註60〕所謂「日本列島改造論」，涉及城市和產業建設的重新佈局等重要內容。但是，日本這個建設計劃的有關立法最後沒有完成。〔註61〕李登輝在臺灣模倣日本這個建設計劃，想把臺灣產業東移到花蓮、臺東等縣內，但最終也沒有成功。

1990 年代初，李登輝想按日本「自民黨」的模式改造國民黨。所謂自民黨模式，就是自民黨雖然在日本政壇一黨獨大，但其內部則有許多「派閥」，這些「派閥」合縱連橫，控制著自民黨。因此，身為國民黨主席的李登輝，對國民黨內出現的「集思會」、「一心會」等次級團體不管不問。臺灣政壇因此出現了類似日本那樣的政黨格局，即一黨優勢、多黨競爭、互相制衡的局面。〔註62〕李登輝的這種日本式的政黨政治思想，促使習慣於黨內紀律嚴明的國民黨多次發生分裂，削弱了國民黨的執政能力，實際上間接地幫助了民進黨上臺執政。

一、國民黨「本土化」政策下的李登輝

人事上的矛盾，是國民黨與留日學生的主要矛盾。由於臺灣島內政治資源有限，數量龐大的留日學生做官的機會很少。臺灣光復後，國民黨也起用了大批臺灣留日學生做官，但開始以基層和技術官員為主。在「二二八事件」中，臺籍精英要求有更多的政治參與。1949 年，美國國務卿艾奇遜對臺灣提出三大要求：一、臺灣必須徹底實行民主政治。二、要指派具有民主觀念的

〔註58〕日本列島改造論：1972 年，田中角榮競選自民黨時提出的建設計劃，主要內容是，大量建設高速公路把日本連成以東京為中心的整體；主張工廠遠離城市，鼓勵地方辦工業；興建 25 萬人左右的新城市分散大城市人口和改善環境等。

〔註59〕郭宏治：《臺灣日本通直通「總統府」》，《新新聞》1989 年 8 月 14 日～20 日。

〔註60〕〔日〕升味準之輔著：《日本政治史》第四冊，北京，商務印書館 1997 年 12 月，958 頁。

〔註61〕同上書，第 1169 頁。

〔註62〕李水旺、楊立憲：《臺灣黨外組黨的歷史考察與「政黨政治」發展前景》，《臺灣史研究會論文集》第二集，臺灣史研究會編印，1990 年 7 月，第 306 頁。

文人，取代現為軍人的省主席職位。三、臺灣的民主人士，應有更多的參政機會。〔註63〕這促使國民黨不得不更多地選拔臺灣本省人才出任高官。選拔和任用臺灣人做高官的政策，就是所謂的「本土化」政策。國民黨的這個「本土化」政策，對政黨輪替有著深遠的影響。

從光復到1980年代的三十年間，在國民黨中央和國民政府、臺灣省政府出任高官的臺灣人，基本上都是日據時期臺灣留日學生，主要是因為這個社會階層的資本總量十分雄厚。其中的代表人物有：丘念臺、黃朝琴、連震東、黃國書、游彌堅、王民寧、蘇紹文、劉啓光、林頂立、蔡培火、彭德、李連春、徐慶鐘、林金生、柯丁選、翁鈐、陳萬、高玉樹、劉闊才、吳三連、林洋港、陳尚文、朱江淮、李登輝等。

其中一些重要人物前文已有介紹，下面再介紹幾個，藉以說明這些人對臺灣政治的影響力：

徐慶鐘，1907年出生，臺北市人，1941年在日本帝國大學獲得農學博士學位，歷任公署土地專門委員會委員、省政府委員、內政部長、國民黨中常委、行政院副院長等職。

林金生，1916年出生，東京帝國大學法學部畢業，歷任內政部長、交通部長、考試院副院長、國民黨中央評議委員等職。〔註64〕

劉闊才，1911年出生，關西學院大學法學博士，歷任臺灣省建設局局長、省政府委員、國民黨中評會主席團主席、立法院長等職。

林洋港，1940～1944年在東京昌平夜間中學留學，歷任省政府委員兼建設廳長、省政府主席、內政部長、行政院副院長、司法院長等職。

翁鈐，桃園人，九州島帝國大學研究院農業工學畢業，曾任省政府委員。

陳萬，南投人，東洋大學哲學系畢業，省政府委員。

彭德，苗栗人，日本大學畢業，省政府委員。

在這批做了高官的留日學生中，李登輝最後做到國民黨主席、中華民國總統，掌握了臺灣政壇的最高權力，是留日學生從政的頂峰，他對民進黨的幫助最大，因而也對臺灣政壇的政黨輪替影響最大。

李登輝對民進黨的幫助主要體現在四個大的方面：

〔註63〕鄒律：《頑將風雲榜》，大禹出版社，1988年，第106、110頁。

〔註64〕本章人物簡歷都出自第五章《光復以後》第二節《省政府》，《重修臺灣省通志》卷八職官志，臺灣省文獻委員會，1993年，486至548頁。其他不再一一作注。

1. 從經濟上、政治上大力地幫助民進黨成長壯大。
2. 在 2000 年和 2004 年兩次總統大選中，明裏暗裏支持民進黨的候選人。
3. 在國民黨統治體制內損害國民黨暗助民進黨。
4. 2000 年，民進黨總統候選人陳水扁當選後，島內外政情不穩。李登輝利用自己的權力和威望，保證了政權的和平過渡。

二、李登輝對民進黨的扶助

戰後日本的政黨政治格局，是自民黨一黨占絕對優勢、多個黨派競爭、各黨派互相制衡。李登輝也以此改造臺灣的各政黨。如前文所述，他想把國民黨改造成自民黨，允許國民黨內的次級團體任意發展，使國民黨內部矛盾重重。他還提出所謂「奶水論」，在經濟上資助民進黨等其它較小的黨派，讓它們不斷成長壯大，以便制衡國民黨，最終健全臺灣的政黨政治。

首先，李登輝在政治經濟上幫助民進黨成長。1993 年 1 月，郝柏村被迫辭掉行政院長後，李登輝的權力才鞏固。在接見立法委員時，李登輝就提出了一種關於政黨政治理念的「奶水論」。他提出，在發展政黨政治的過程中，也要注意扶植在野黨，可以多給些「奶水」，但也不能給的太多，以免有一天它們成為執政黨。〔註 65〕據此，他決定對民進黨的辦公經費進行補助。據民進黨前主席許信良先生回憶，1990 年代中期以前的民進黨，經費十分困難，黨主席的主要精力是去籌集經費，根本沒有時間和能力去研究政策、去籌辦選舉。這樣，民進黨根本無法和經濟實力雄厚的國民黨競爭。所以，許信良就和李登輝談判，要求政府資助民進黨辦公經費。最後，民進黨得到了李登輝給予的資助。〔註 66〕

其次，在 2000 年和 2004 年兩次總統大選中，李登輝都幫助了民進黨候選人。其中第一次最關鍵。李登輝幫助民進黨候選人除去了獨立參選人宋楚瑜的威脅。宋楚瑜極富權謀，在 1994 年擔任臺灣省長時即已經準備將來參選總統，從而充分利用省政府的政治資源。因此，在民意調查時，他一直領先於國民黨提名的連戰和民進黨提名的陳水扁。然而，在李登輝的眼裏，宋楚瑜雖然以前是自己的政治盟友，但卻是個具有大中華思想的人，因而絕不能

〔註 65〕黃光芹：《許水德替李登輝惹了一個大麻煩！》，《新新聞》，1993 年 5 月 2 日
〜8 日。
〔註 66〕許信良在廈門大學臺灣研究院的演講，作者提問並記錄，2007 年 4 月 13 日。

讓他當選。1999 年 10 月 19 日，國民黨主席李登輝把宋楚瑜開除黨籍，極力批判他為「背叛分子」。12 月 8 日，在國民黨候選人連戰的「捍衛民主、決戰百日」造勢大會上，李登輝激烈批判宋楚瑜是「無情無義的騙子」、「納粹一樣的破壞民主政治」、「表裏完全相反的人物」和「賣臺者」。〔註67〕12 月 9 日，國民黨籍的立法委員楊吉雄突然揭發宋楚瑜，說其子宋鎮遠曾到銀行儲存過 1 億 4 千萬來歷不明的金錢。這導致宋楚瑜的清廉名聲嚴重受損，聲望下挫。國民黨於 2000 年 2 月 16 日正式以偽造文書、侵佔公款罪控告宋楚瑜，結果宋楚瑜的支持率急轉直下。〔註68〕

選舉結果，民進黨候選人陳水扁獲得 4977737 票，得票率 39.30%；宋楚瑜得到 4664932 票，得票率 36.84%；國民黨候選人連戰 2925513 票，得票率 23.1%。陳水扁以相對多數勝出。國民黨丟掉了政權，民進黨開始執政。〔註69〕

礙於國民黨主席的身份，李登輝不願意公開承認自己在 2000 年總統選舉中幫助陳水扁，直到 2004 年總統大選，他的真實面目才完全暴露。這次大選仍是民進黨的陳水扁、呂秀蓮和國民黨親民黨的連戰、宋楚瑜競選。陳水扁執政四年政績不佳，民調一直比較低落。但在選戰的關鍵時刻，已經退休 4 年的李登輝又主動現身，帶頭參加醞釀 4 個月的所謂「二二八手護臺灣運動」，為陳水扁搭起了造勢的舞臺，為陳水扁凝聚本土力量增加籌碼。陳水扁陣營的選戰步驟，也是按照李登輝提出的「臺灣正名、公民投票、製定新憲」三部曲進行的。李登輝左手吸納「臺獨」基本教義派，右手忙著推動「制憲」和針砭泛藍的工作。

李登輝到處竭力呼籲，臺灣民眾要參加所謂「手護臺灣運動」，要參加「公投」抗議所謂中國大陸的武力威脅，要支持阿扁「總統」連任。他說，只有阿扁連任，才能實現「制憲」、「建國」目標。他攻擊連、宋說，「中國社會還有人出來選，他們根本沒有資格還在那邊大聲喊。臺灣人民不要讓保守的舊勢力對未來再存有任何幻想，應該用選票終結保守勢力對權位的幻想。」他違心地稱讚陳水扁說，「阿扁不到三年打消銀行呆帳，讓逾放比降到 4.5%，我就稱讚他很有能力，比我還厲害。」

〔註67〕臺北，《自由時報》，1999 年 12 月 9 日。
〔註68〕臺北，《自由時報》，1999 年 12 月 10 日，2000 年 2 月 17 日。
〔註69〕臺北，《自由時報》，2000 年 3 月 21 日。

「手護臺灣大聯盟」總指揮李登輝，在活動結束後致力於「正名運動」和「制憲運動」。2004 年 3 月 14 日，「群策會」、「臺聯黨」、「李登輝之友會」等團體，召開「全民公投，臺灣發聲」論壇，在選前最後一周，「群策會」董事長李登輝竭力號召支持者參加「三二零公投」。〔註70〕

所謂「手護臺灣運動」，是陳水扁勝選的重要原因之一，它為陳水扁爭取了農、漁民的支持。結果，民進黨正、副總統候選人陳水扁、呂秀蓮再次以些微優勢取得勝利。

再次，在任國民黨主席和總統的 12 年間，李登輝在製造國民黨分裂、「修憲」、人事上等方面長期損害國民黨，暗助民進黨。這是最重要最根本的。2000 年 3 月 23 日，李登輝的老部下、國民黨中央的一些高級幹部，在《中國時報》等各報紙上刊登聯署的反李廣告。該廣告對李登輝一些處心積慮的做法進行了深刻地揭露：

「一、堅拒可以勝選的組合，使本黨陣營中出現兩組候選人，分散本黨票源，使民進黨候選人漁翁得利。

二、提出特殊兩國論，模糊本黨立場，使部分選民誤以為民進黨候選人更能繼承李主席立場，導致選票流失。

三、晉用及扶持本有分裂色彩之人士，在緊要關頭紛紛倒向陳水扁陣營，使社會上產生李主席已經轉向支持他黨候選人之觀感，也使本黨支持者中產生棄保效應，導致本黨支持下降。

四、主導錯誤之修憲方向，堅持比較多數即可產生總統，遂使此次無法舉行需要過半數才能當選總統之再投票，間接協助民進黨候選人，以不到百分之四十選票支持，當選少數總統。

五、堅持取消立法院同意權，使本黨在立法院掌握多數之情況下，仍然無法產生屬於本黨之行政院長，方使本黨在喪失總統選舉後，同時喪失行政院之掌握，淪為在野黨。」〔註71〕

這五條基本上把李登輝如何幫助民進黨的伎倆揭穿了。事實上，李登輝也的確是這樣做的。如前文所述，李登輝對國民黨和民進黨的真實態度到 2004 年總統大選已暴露無遺。

〔註70〕陳弘修：《李登輝仍然扮演陳水扁的守護天使》，《新新聞》，2004 年 2 月 26 日～3 月 3 日。
〔註71〕臺北，《中國時報》，2000 年 3 月 23 日。

最後，李登輝對政黨輪替的重大影響，還直接地具體地體現在 2000 年 5 月的政權交接上。政黨輪替在臺灣歷史上是第一次，在國民黨歷史上也是第一次，在中國歷史上更是第一次。突然和平地丟掉政權的國民黨開始不能適應，許多黨員嚴重不滿，社會上也充滿著不安的氣氛。政權能不能和平交接，充滿著許多變量。5 月 20 日，在李登輝親自出席坐鎮的情況下，民進黨總統當選人陳水扁順利地從國民黨手中接過政權。〔註72〕

這次政權和平交接的關鍵因素，確實是李登輝。經過 12 年的苦心孤詣的經營，李登輝最終完全地掌握了軍、警、憲、特和國民黨的大權，從根本上改變了軍、警、憲、特過去嚴厲打擊「臺獨」的態度。另外，在國民黨總統大選失敗的情況下，李登輝本人在臺灣仍然具有五成七的民意支持度。〔註73〕李登輝的權力和社會威望，保證了臺灣社會的基本安定和政權的和平過渡。

綜上所述，2000 年，在臺灣政壇上發生的政黨輪替，資本總量雄厚的留日學生作用最大，因爲這個社會階層的勢力遍佈國民黨統治的體制內外。

在體制外，他們是組織新政黨的主要力量。要有政黨輪替，首先需要一個能和國民黨抗衡的新政黨。在 1960 和 1970 年代的兩次組織新政黨的浪潮中，留日學生吳三連、高玉樹、黃信介、郭雨新、楊金虎、黃順興等起著中堅作用。實際上，他們就是臺灣本省地方勢力的代表。在留日學生代表的臺灣地方勢力和國民黨長期鬥爭的基礎之上，民進黨終於順利地誕生了。

在體制內，他們也是國民黨不得不提拔的臺灣本土精英。在反攻大陸無望的情況下，國民黨的「本土化」政策，是歷史發展的必然。國民黨根本無法反攻大陸，只能大批啓用臺灣本省人到其「中央政府」裏做官，以緩和省籍矛盾。只要國民黨啓用臺灣本省人才，日據時期臺灣留日學生就一定有機會掌握臺灣政壇的最高權力。因爲，留日學生這個社會階層，早在日據時期中後期就已經確立了其在臺灣社會的領導地位。從這個角度來說，李登輝上臺執政帶有一定的歷史必然性，因爲他所屬的社會階層經濟資本和文化資本都是最強大的。

成立時間很短，勢力比較弱小的民進黨，要想在短期內執政確實十分困難，但卻得到了國民黨領導人李登輝在國民黨統治體制內的巨大幫助。臺灣政壇終於實現了和平的政黨輪替。這是日據時期臺灣留日學生從戰後就開始

〔註72〕臺北，《中國時報》，2000 年 5 月 20 日。
〔註73〕臺北，《中國時報》，2000 年 3 月 25 日。

有的強烈願望，即由本省人掌握本省的行政權力。

在某種程度上，留日學生掌握了臺灣政壇的最高權力，可以說是日本式政黨政治等日本政治文化的勝利。因爲掌握權力的留日學生李登輝等人，深深地信仰日本的政治文化，在臺灣模倣日本的政治制度甚至各項具體的經濟建設政策。例如，李登輝使國民黨「自民黨化」，導致習慣於黨內統一的國民黨多次分裂，最終使國民黨丟掉了政權。

很顯然，日據時期臺灣留日學生這個社會階層對臺灣政治和臺灣社會的影響，無論是好是壞，都很難在短期內消除。這是十分值得我們深思的一個歷史現象，也是本研究的突破性觀點之一。

結　論

　　研究歷史不能割裂歷史，研究日據時期臺灣留日學生這個社會階層在戰後的政治活動和政治影響，一定要聯繫他們在日據時期所接受的教育和所參加過的政治活動。

　　在導論中，我們已經知道，在留學日本時，臺灣留日學生接收了近代西方政治思潮和日本立憲政治制度的影響。1920 年代初，他們就開始登上了臺灣的政治舞臺，與日本殖民者進行鬥爭，在思想上、政治上、組織上領導著非暴力的抗日民族民主運動。他們先後建立了新民會、臺灣青年會、臺灣文化協會、臺灣民眾黨、臺灣工友聯盟、臺灣地方自治聯盟等鬥爭組織。在與日本殖民者的鬥爭中，他們提出了在臺灣設置臺灣議會等比較切合實際的政治綱領，鍛鍊出大批成熟的幹部，積纍了豐富的政治鬥爭經驗。到了日據的中後期，臺灣留日學生則完全成了臺灣民眾反抗日本殖民統治的領導重心。這是一方面。

　　另一方面，與日本殖民者在經濟、文化領域合作，以及在日本殖民政府中做官的臺灣人，也以留日學生爲主體爲代表。在日本殖民政府中做官的留日學生中，有上百人通過了日本政府的高等文官考試，例如朱盛淇、朱昭陽、劉明朝、宋進英、林旭屛、林益謙、楊基銓、湯德章、莊維藩、黃百祿、許伯埏、莊要傳等等，這些人熟悉日本政治體制和官僚作風，也在日本殖民統治中獲得了一些利益。

　　上述兩個方面，是研究日據時期臺灣留日學生戰後政治活動的基本前提、邏輯起點。

　　通過本研究，我們可以發現，戰後臺灣政治仍然深深地遺留著日本殖民

統治的痕迹，仍然深受明治維新以後的日本政治文化的影響。這種影響是通過日本 50 年間培養的臺灣精英——留日學生實現的。留日學生這個社會階層，數量比較龐大，經濟資本雄厚，文化資本優越，社會關係資本豐富，在自古就重視教育的臺灣社會裏是個享受很高榮譽的「地位團體」。

留日學生這個社會階層，大體上包含兩代人，這兩代人以 1910 年前後爲界。大約在 1910 年之前出生的，在其成長過程中耳聞目睹日本殖民征服的血腥殘暴，一般在 1930 年以前到日本留學。這一時期的日本政治文化比較開放和多元，自由民權、社會主義、民族自決、民本主義、無政府主義、法西斯主義等各種政治思想，都有人介紹和傳播。留日學生接受了民主自由、民族自決等思想的影響，他們的漢民族意識覺醒，一般都反對日本的殖民統治。

大約在 1910 年之後出生的，成長在比較穩固的日本殖民統治之中，對日本殖民征服的血腥罪行瞭解較少，一般都在 1930 年以後去日本留學。此時，日本已經發動了侵略中國的戰爭，日本國內軍國主義和法西斯主義橫行，各種進步思潮受到鉗制，留日學生則更多地受到了武士道精神和軍國主義的影響，一般都具有輕視或敵視中國的思想。這種輕視或敵視中國的思想，一旦遇到現實政治鬥爭的激蕩，就會蛻變成「臺獨」意識。此點在下文還要詳細分析。

在中國大陸參加抗戰復臺的臺灣人的革命團體，主要工作是幫助國民政府搜集日本軍政情報、進行對臺灣和日本的宣傳、參與製定收復臺灣的計劃。這些工作十分重要，都需要精通日本文化的專門人才。所以，這些團體的領袖人物，基本上都是留日學生，如宋斐如、李友邦、謝南光、丘念臺、黃朝琴、游彌堅、連震東、王民寧、林忠、劉啓光、林頂立、牛光祖、謝掙強、蘇紹文、陳漢平、陳友欽等人。他們對臺灣的接收工作做出了很大的貢獻。在兩蔣父子統治臺灣時期，這批所謂的「半山」，就是臺灣地方勢力的代表。臺灣省參議會、臨時省議會、省議會，是臺灣地方勢力代表人物的薈萃之地，一直被黃朝琴等人控制到 1960 年代初。他們是臺灣全省性政治派系的領導者，對臺灣地方自治選舉影響甚大。

在臺灣島內的留日學生，雖然沒有去中國大陸參加抗戰，但也爲臺灣光復做出了自己應有的貢獻。在日據時期，他們領導非暴力的抗日民族民主運動，喚醒臺灣民眾的民族意識，爲迎接光復奠定了雄厚的民意基礎。日本投降後，他們依靠自己雄厚的資本總量，維護臺灣社會秩序的安定，組織歡迎

國民政府的群眾團體，舉辦各種類型的歡迎活動，幫助臺灣行政長官公署遣送日俘日僑和救援海外臺灣同胞，代表臺灣人民參加受降典禮表明歡迎光復的政治態度，創辦各種社會團體和報刊雜誌教育臺灣人民，領導臺灣地方勢力組成的政治派系參加政治活動，等等。上述每一件工作，都是偉大而光榮的，必將永遠載入中國的歷史。其中的代表人物，有林茂生、杜聰明、林猶龍、林呈祿、蔡培火、陳炘、羅萬俥、蘇維梁、陳逸松、黃朝清、黃朝生、葉榮鐘、王金海、莊垂勝、吳三連、劉明、王清佐、石錫勳、魏炳炎、楊金虎、施江南、王白淵、許乃昌、蘇新、陳澄波等。

臺灣光復後，臺灣人民身上的殖民枷鎖被打破。留日學生的政治熱情十分高漲，紛紛創辦社會團體和報刊雜誌，積極參與新臺灣的建設和議論時政。這就必然和中國大陸籍的國民黨官僚產生劇烈的矛盾，因為留日學生批評的思想武器只能是他們所熟悉的民本主義、社會主義、立憲政治、政黨政治等，而這些政治思想都染上了日本文化的色彩。在參加了八年抗日戰爭的中國大陸籍的國民黨官僚看來，留日學生讚揚和肯定日本的政治文化是令人無法容忍的；而在留日學生看來，中國大陸籍國民黨官僚則根本沒有近代化的政治思想。另一方面，大陸籍官僚和留日學生都在爭奪現實的政治利益。在接收過程中，留日學生儘管獲得了不少的政治利益，如大批人員參加了接收工作並擔任基層和技術領域的官員，但仍不能滿足。他們還希望在臺灣行政長官公署、各縣市主管、以及經濟領域裏有更多的職位。可是，陳儀等國民黨大員卻以不懂中國語言文字和中國法令為由，打破了留日學生的陞遷希望。這就是「二二八事件」發生的深層原因，也是留日學生這個社會階層成為事變領導者的原因。

留日學生是臺灣社會的領導階層，他們的文化在臺灣社會有很大的影響力。「二二八事件」爆發的客觀原因很多，但在主觀上卻是留日學生輿論引導的結果。在事件的發展過程中，留日學生又在政治上領導著它。在有組織的「二二八事件處理委員會」的活動中，留日學生起著領導作用；在全臺灣各地自發的武裝暴動中，也多是以曾參加過日軍的留日學生為首。他們積極參加活動或鬥爭的目的，不是謀求「臺獨」，也不是為了臺灣普通民眾的利益，而是為了和中國大陸籍的國民黨官僚爭奪臺灣省的政治權力。留日學生這個社會階層，在事變中最積極最活躍，幾乎處處起著帶頭作用，因而也就要對事件負最大的責任。所以，在事件中和事件後犧牲最大的自然也是這個社會

階層，不少代表人物被抓被殺，如林茂生、宋斐如、陳炘、施江南、陳澄波等等。總之，「二二八事件」是留日學生領導的一場爭奪臺灣政壇權力的政治鬥爭。這個結論和現有研究的基本觀點都不相同，是本書最重要的創新點之一。

在「二二八事件」中受到打擊，深感在國民黨官僚的統治下毫無出頭之日，是極少數留日學生走上「臺獨」道路的原因之一。由於留日學生有著雄厚的經濟資本和優越的文化資本，故在「臺獨」活動中也起著領導作用，如廖文毅、邱永漢、黃紀男、王育德、史明、彭明敏、李登輝、辛文炳、楊基銓、張德水等。由於在日本有著豐厚的社會關係資本，「臺獨」頭目就把日本當作了「臺獨」勢力的大本營。在日本政府的庇護下，廖文毅還在日本建立了自己的「政府」，在島外掀起了第一次「臺獨」活動的高潮。「臺獨」活動以日本為中心的局面一直維持到 1970 年代初。戰後「臺獨」活動的骨幹分子，以 1930 年左右之後在日本留學的臺灣人為主。這批人深受日本軍國主義的「大和民族優越論」、「日本至上主義」影響，也在日本殖民統治下得到了些利益，潛意識裏敵視和鄙視中國，鄙視中華民族，模倣日本人的口吻稱中國為「支那」，稱中國人為「支那人」、「豬」。他們千方百計杜撰一個「臺灣民族」或「生命共同體」，既討好日本人，也和「劣等」的漢民族劃清界限。所以，「臺獨」活動的背後，仍然是反映著中日政治文化的衝突。毫無疑義，戰後留日學生的「臺獨」活動，是以日、美反華政治勢力為背景的。到了 1990 年代，島內「臺獨」勢力猖獗，臺灣政壇積極向日本靠近，其淵源和動力都是以李登輝為代表的留日學生。當然，這也和日本在科技、教育、經濟等方面仍然十分強大有關。

在臺灣地方自治選舉中，留日學生最強勁的競爭對手，是手握政治資源的中國大陸籍國民黨官僚，所以，他們極力謀求省議員和縣市長等重要選舉的公民直接選舉。如導論中所述，日據時期，留日學生就熟悉日本的選舉文化，也積累了一些參加地方政治選舉的經驗。在日本的公民直選中，當選的都是地方名望家或有錢人，也就是地主資產階級及其知識分子。留日學生這個社會階層，在臺灣社會各階級階層中佔據絕對優勢，資本總量最大。所以，在公民直選的情況下，留日學生這個社會階層當選縣市長和省議員的比率最高。1950 年代到 1970 年代的 20 多年間，臺灣縣市長半數左右是留日學生，省議員也一直占到三成左右。這些當選縣市長和省議員的留日學生，還領導

著全省性的政治派系和各縣市甚至鄉鎮的地方派系，控制著臺灣基層政權，影響著臺灣基層的政治生態，和國民黨中央的官僚體系既有合作也有矛盾，形成了臺灣政治的兩層皮。這對民進黨的崛起有著很大的影響。

　　那些在選舉中屢次失敗的留日學生，歸咎於國民黨對各項選舉的包辦，越來越不滿，逐漸走上與國民黨對抗的道路。他們和國民黨鬥爭的基本路線，就是謀求建立一個強有力的新政黨，在選舉中與國民黨抗衡。無論戰前戰後，除了 1940 年到 1945 年有短暫的中斷之外，日本的政治選舉都是多黨競爭的。對於熟悉日本政治文化的留日學生來說，成立新政黨並不是什麼大逆不道的事。這是他們積極參加組建新政黨活動的思想根源。從本研究得知，留日學生是 1960 年代臺灣第一次組黨運動的中堅力量，如吳三連、高玉樹、石錫勳、楊金虎、劉明朝、郭國基、王燈岸等人；留日學生是 1970 年代第二次組黨運動的領導者，如黃信介、黃順興、黃玉嬌、許世賢等。在政治上，在 1980 年代創立民進黨的主要人物，基本上都是高玉樹、吳三連、郭雨新、郭國基、許世賢、張深鑐、李源棧、王燈岸、石錫勳、黃順興、黃信介、彭明敏、史明、王育德等人的學生。本身參加民進黨的留日學生有黃信介、黃玉嬌、高俊明、高李麗珍等人。所以說，留日學生這個社會階層對臺灣新政黨的成立，影響很大。民進黨的成立，徹底改變了臺灣的政黨和政治格局。

　　在國民黨所選拔重用的本省籍人才中，也以資本總量雄厚的留日學生為主。他們以最後當上總統和國民黨主席的李登輝為代表。這是戰後留日學生從政的高峰，也使留日學生這個社會階層對臺灣政治的影響從水面底下浮到水面上來，從少為人知到眾所週知。李登輝是崇奉日本政治文化的典型代表，甚至其思維模式也是日本式的。1970 年代初，李登輝一登上臺灣政壇就開始學習日本。當上總統和國民黨主席後，李登輝就在政治、經濟、小區文化建設等各個領域全面學習日本。在政治上，他學習日本的政黨制度，把國民黨「自民黨化」，學習日本的「三代建國論」；在經濟建設計劃上，他學習日本的「列島改造論」，要把臺灣與日本做垂直分工；在社團建設上，他要辜振甫把臺灣的工商聯合會改造成日本式的「經團聯」，等等。總之，日本政治文化對臺灣的影響，最突出最集中地表現在掌握大權的李登輝身上。

　　李登輝潛意識裏是敵視中國的日本軍國主義，也吸收了戰後日本的政黨政治文化和新右翼的觀點。日本軍國主義的主要目標是侵略滅亡中國，戰後

日本新右翼政治勢力也是十分希望中國四分五裂。這是李登輝「臺獨」思想的根源和「臺獨」活動的動力。1990 年代初，李登輝想按日本「自民黨」的模式改造國民黨，身爲黨主席的他，對國民黨內出現的「集思會」、「一心會」等次級團體不管不問。臺灣政壇因此出現了類似日本那樣的政黨格局，即一黨優勢、多黨競爭、互相制衡的局面。2000 年臺灣政壇上的政黨輪替，是李登輝和民進黨合作努力的結果，是戰後黨外留日學生所代表的臺灣地方勢力與國民黨長期鬥爭的結果，是中國大陸、美國、日本的政黨政治文化長期浸潤的結果。中國大陸、美國的政黨政治文化，主要是中國大陸籍的胡適、雷震等人通過《自由中國》宣傳介紹的；日本的政黨政治文化，主要是通過留日學生這個社會階層宣傳和推動的。

李登輝在臺灣推動日本式的政黨政治，包藏著「臺獨」禍心。所以說，以李登輝爲最大推手的臺灣政壇上的政黨輪替，反映著戰後日本政黨政治對臺灣政壇的影響，可以說，仍然在某種程度上反映著中日政治文化的衝突。只不過時代背景不同了，中日政治文化的內核也發生了巨大的變化。

總之，本研究的基本結論是：戰後臺灣政治上所有重大事件和目前臺灣的政局，都程度不同地受到了留日學生這個資本雄厚的社會階層的影響。而這個影響不論是好是壞，是大是小，在短期內顯然是無法消除的。比如，目前臺灣政壇上，彭明敏、李登輝是「臺獨」基本教義派，代表臺灣政治上的極右翼勢力，對外極力爭取日本、美國等西方國家中反華勢力的庇護，對內影響或牽制執政的民進黨，嚴重干擾海峽兩岸關係的發展。

通過本研究，我們可以發現，教育的影響是十分深遠和巨大的。教育可以造就經濟、科技、文化等各領域的精英，這些人引領社會發展潮流，因而是改造社會的主導力量。教育可以培養出未來的政治家，改變一個國家或地區的政治面貌。日本在臺灣的殖民統治已經結束了 50 多年，但其培養的留日學生仍然影響著臺灣，特別是影響著臺灣政壇，仍然影響著目前海峽兩岸的關係，仍然在某種程度上影響著兩岸人民的感情。臺灣人被迫大批去日本留學的根本原因，在於當年的日本不僅軍事、政治、經濟強大，而且科學、文化、教育也比舊中國先進了許多。所以，中國的教育、科學、文化真正發達了，進入世界前列了，加上經濟的高水平，才能算是表裏如一地富強了。

本研究的結論啓示我們：在祖國統一大業中，我們要目光遠大腳踏實地，下功夫去爭取更多的臺灣青少年到中國大陸的高校甚至中小學校學習，盡力

地給他們創造良好的學習生活環境，尤其要使他們瞭解中國大陸的政治文化，使他們瞭解中國大陸政治文化產生、發展的歷史背景和意義，使他們理解中國大陸政治文化的優點和缺點。而不是採取相反的方針和辦法。這才是謀求海峽兩岸統一的根本大計。

附　錄

　　日據時期，臺灣的地主、資產階級大約有六萬戶，他們的子女幾乎都曾留學日本，僅是受過大專以上教育的就有六萬人左右。作者在寫作本書過程中，努力搜集核實臺灣留日學生的資料，由於條件和時間所限，只搜集了大約三千人左右。這裏把其中比較出名的一些人的小傳附錄在後面，作爲對前文論述的補充，讓前面結論的基礎更加堅實可靠。即使有的讀者懷疑日據時期臺灣留日學生的總數，看了下列比較有代表性的人物的小傳，也會覺得前文的論述完全是能夠成立的。

　　丁瑞彬（1898～1979），鹿港人，明治大學法科畢業，生員丁寶光之子。大和拓殖公司總經理，臺高砂鑄造公司、屏東大和興業公司、基隆臺洋漁業公司董事。鹿港製藥公司董事。發起組織籌備會歡迎臺灣光復，鹿港鎮長，臺中縣議員，省議員。

　　丁瑞魚（1901～1973），鹿港人，丁寶光三子。1926年畢業於日本醫學專門學校，在南投開瑞魚醫院，參加日軍做軍醫，曾隨日軍到新幾內亞，1946年回臺。二二八事變時被捕，省參議員，內政部科長等。

　　丁瑞鉟（1904～1987），鹿港人，1931年東京商科大學畢業，受商大教授田貞次郎影響，受教於商大奇才福田德三，基隆碳礦公司董事，大同公司董事，大同工學院教授。建設廳專門委員貿易科長，臺灣通運公司基隆分公司經理。妻顏梅乃顏國年之女。著有《懷恩感舊錄》。

　　於伯奎，男，畢業於日本京都大學。

　　尤麗水，臺東人，醫生、莊協議會員尤欽量之子，畢業於日本商科大學。

　　毛焜洲，臺南人，日本齒科專校畢業，光復後任臺南縣衛生院長。

方可喜（1921～？），高雄市人，日本專修大學畢業，永光製粉股份有限公司總經理，華成紙業股份有限公司董事長。中華民國進出口商公會常務理事。

方雲祥（1920～？），臺南人，東京大學法科畢業，臺灣煉鐵股份有限公司總經理。該公司 1952 年 6 月創立，董事長是陳逢源。臺灣區鋼鐵工業同業公會理事長。

方西雀，嘉義人，畢業於日本高越女學校，丈夫是林旭屏。

方萬金（1925～？），屏東人，畢業於東京高等學院，華成工業股份有限總經理。該公司 1957 年 8 月創立，資本 350 百萬新臺幣，員工 1020 人。製造罐頭、麵粉、造紙等。

王維明，1920 年前後在日本士官學校留學，主張借助祖國大陸武力實現臺灣的自主。同志者還有黃國書、陳嵐峰等人。

王榮銓（1928～？），屏東人，廣島中學畢業，1946 年在東北參加國民黨軍隊。

王榮霖，高雄人，廣島中學畢業，1946 年在東北參加國民黨軍隊。

王祖檀（1898～？），萬華人，生員王承烈之孫，生員王采甫之子，名醫王祖派之弟。1929 年畢業於東京帝國大學，獲醫學博士學位。

王錫奇，字盤德，臺北市人，阪神音樂學校畢業，1949 年任臺灣省政府交響樂團團長。

王雲峰，大稻埕人，東京神保音樂學院畢業，回臺組織「永樂管絃樂團」，為《桃花泣血記》等作曲。

王民寧（1905～1988），臺北縣樹林鎮人，1928 年畢業於日本陸軍士官學校工兵科，在大陸參加抗戰，1945 年參加臺灣接收工作，1947 年任警備總司令部警務處長，省府委員，1948 年當選「國大代表」。

王昶雄（1916～2000），淡水人，1928 年到 1942 年在日本郁文館中學、日本大學齒科學習，在淡水開設牙醫診所，同時兼職《臺灣文學》雜誌做編輯。著有《王昶雄全集》，其中《奔流》、《淡水河的漣漪》比較著名。

王連生，明治大學畢業，茶商之子，畢業後到滿洲工作。

王錦源（1909～1982），臺南西港人，1928 年畢業於東京聖書學院，開設西港聖教會，1943 年被殖民政府關閉。1951 年開設中臺聖經學院、1961 年在臺中開設福音基督教會。

　　王添燈（1901～）屏東人，父親是地主。早稻田大學函授生，茶商，日據時期參加民眾黨，光復後出任臺北市茶葉公會理事長，三青團臺北分團主任，1946 年當選省議員。《人民導報》、《自由報》社長。

　　王進益（1902～），屏東人，王添燈三弟。1934 年畢業於日本大學，不願做日本人的官，去大陸大連經商，任文山茶店大連支店長，《新民報》大連通訊記者。1948 年回臺灣。臺北市茶商公會總幹事。認可日本文官制度，認為日、臺沒有差別。

　　王忠信（1904～？），屏東人，王添燈四弟。畢業於日本昭和醫專，在日本成家。

　　王笑（1909～？），鳳山人，父親為甲長、保正。1929 年到 1934 年在東洋女子齒科學校留學。陳水印之妻。

　　王玉雲，別號雲鵬，高雄市人，產業能率短期大學畢業，1972 年 12 月當選高雄市長。

　　王超英（1891～？），字樵雲，高雄鳳山人，1920 年畢業於東京高等工業學校機械本科，臺北工業講習所講師，高等官七等，製糖株式會社，技師。參與杜聰明、施江南、朱江淮等留日工科學生組織的臺灣理工學會，1950 年任臺灣省政府工業試驗所所長。

　　王天賞（1903～1994），字獎卿，高雄旗津人，1926 年前後在東京目白英語學校留學，株式會社高雄支店，1926 年從事發動機漁業，1937 年任高雄水產會議員。《臺灣新民報》代銷商，振文書局老闆。光復後任高雄市教育科長兼社會科長。1946 年任高雄信用組合理事主席兼經理。5 月任《國聲報》發行人兼社長，翌年 2 月卸任，二二八事變後被關押 66 天，1950 年任高雄市聯合社理事。

　　王石定（1913～1947），旗後人，東港船商王沃之子，連襟是楊金虎。畢業於早稻田大學商科，高雄市漁會理事長，明星戲院董事長，鼓山戲院董事長，高雄市參議員，二二八事變時被殺。

　　王澄清，彰化人，1924 年到 1935 年在日本岡山縣金川中學、九州島牙科醫學專門學校留學，在南投街開設南興齒科醫院。

　　王允得（1904～？），1931 年畢業於東京醫專，日據時期任歸仁莊信用購販利合作社社長，歸仁莊協議會員，在臺南州新豐郡歸仁莊開設醫院，醫師。

　　王允是，王允得弟弟，畢業於日本岐阜藥專。

王共，王允得弟弟，畢業於日本同志社中學。

王某某，臺中大甲人，大甲信販購利合作社社長、大甲水利合作社評議員王燕翼之子。在日本讀中學。

王某某，臺中大甲人，王燕翼次子，在日本讀中學。

王枝火（1912～？），北斗人，父親王萬春是做黃金生意的富商。1926 年進入日本大學中學部學習，春記商行高雄分店長，臺中州同鄉會會長。

王燈力，彰化西勢子，富商家庭出身，早稻田大學經濟科畢業。

王銘堪，臺中人，日本大學農科學習畜產專業，1966 年 1 月任臺灣省家畜衛生試驗所長。

王敏川（1887～1942），字錫舟，彰化街人，1919 年到 1922 年在早稻田大學政治經濟科留學，在日本東京加入啟發會、新民會，是臺灣文化協會的最後一任委員長，與呂磐石、黃朝琴、黃呈聰同時畢業。《臺灣青年》、《臺灣民報》的主要發行人之一。

王基良（1893～？），臺中清水街人，生員、富豪、區長王卿敏之子。自幼去東京求學，讀完小學、中學和慶應大學。回臺後，公學校教師，臺中建築信用合作社專務，清水建築信組合作社社長，清水街工商協會顧問，臺中市議會議員。

王基安，臺中清水街人，王卿敏之子，日本醫專畢業，開業醫生、公醫。

王毓麟（1915～？）臺中縣人，日本大學醫科畢業，自己開設光田醫院，光復後，沙鹿鎮合作社理事，臺中縣議會參議員。

王錫麟（1921～？），臺中縣人，日本東亞學院畢業，1965 年創辦光田實業有限公司，任董事長兼總經理，資本 2 百萬新臺幣，工人 11 名，生產竹製品。

王守勇，臺中大甲人，1922 年畢業於同志社大學神學部、文學部，神學院教授，市立彰化女子高商校長，淡江中學校長。

王坤鐘，臺南人，早稻田大學畢業，1947 年 4 月任臺南縣政府會計室主任。1966 年到 1971 年任縣政府主計室主任。

王兆麟（1886～？），臺南人，龍谷大學畢業，職校校長，僧侶，1935 年官選臺南市會議員。

王育霖（1919～1947），臺南市人，地主家庭出身。1940 年到 1944 年在東京帝國大學法學部學習。日本文官高等試驗考試司法科合格。因成績優異，

被東京大法學部長穗積重遠博士推薦入日本京都地方法院任檢察官，這是首位臺灣人就任檢察官。《民報》法律顧問。日本人曾勸其歸化日本籍。日本投降後，被推為京都臺灣同鄉會會長，率團回臺，任新竹地檢處檢察官，中學教師。因起訴新竹市長郭紹宗貪污瀆職而辭檢察官。二二八事變時被殺。

　　王育德（1924～1985），臺南人，王育霖弟弟。1944 年東京帝大文學部支那哲文科肄業。臺南第一中學教師。1949 年去日本，1960 年 2 月 28 日，在東京以王育德為中心成立臺灣青年社，1963 年 5 月改稱臺灣青年會，1965 年 9 月改稱臺灣青年獨立聯盟。擔任《臺灣青年》發行人。主張臺灣民族論，1982 年任臺灣人公共事務會委員，早期「臺獨」運動者和精神領袖，著有《臺灣‧苦悶的歷史》、《臺灣人原日本兵的訴訟》等。

　　王源趄（1926～？），臺南市人，日本大學附屬第三中學畢業，光復後任高雄市警察，二二八事變時被捕，罪名為意圖煽動暴亂。

　　王清佐（1900～1969），屏東萬丹人，富豪、保正、莊協議會會員、信用組合理事王天球次子。1921 年到 1928 年留學日本，中央大學法科畢業。日本文官高等試驗考試司法科合格，1931 年回臺灣，在臺南、高雄等地任律師，《民報》商事社董事。光復後，任三青團高雄分團籌備主任、書記長，高雄市參議員。二二八事變中，以青年團員協助維護社會秩序，被市長黃仲圖派為地方法院院長，事變後被捕並遭嚴刑拷打，釋放後遠離政治。

　　王仁厚，屏東萬丹人，王清佐三弟，畢業於日本法政大學。

　　王冠烈，屏東萬丹人，王天球之子，東京醫學校齒科畢業，牙醫。張豐緒二姊夫。

　　王清風（1907～？）彰化人，1925 年到 1932 年在中央大學法學部學習，1930 年日本文官考試司法科合格。1932 年回臺灣，在臺南市白金町開設律師事務所。

　　王鍾麟（1895～1962），嘉義人，王得祿第五代孫，1909 年到 1920 年在日本留學，京都帝國大學法科畢業，律師。臺灣文化協會理事，臺灣民眾黨常委兼政務部主任，與謝春木一起主持政治部。1930 年到上海做執業律師。1946 年回臺灣，二二八事件時任雙方翻譯，竭力減少誤會。競選「國大代表」失利。

　　王采蘩（1897～？），嘉義人，王得祿第五代孫女，1916 年畢業於日本岡山縣津山高等女校，臺灣首位女留學生，丈夫是林茂生。

王甘棠，嘉義人，日本齒科大學畢業，1948 年 6 月任嘉義市衛生院長，1950 年 10 月開始任嘉義縣衛生院長。

王俊雄（1924～），嘉義人，關西大學專商科肄業，1965 年 12 月創辦豐基實業股份公司，資本 10 百萬新臺幣，員工 65 人，生產鋼管，自認總經理。

王國柱（1905～1958），嘉義人，東石區區長王順記之子，1931 年畢業於東京慈惠會醫科大學。在家鄉做開業醫生，太保莊信用組合長，兩度獲選爲太保莊協議會議員。光復後，任合作社理事長、農會理事長。嘉義市參議會議員，嘉義縣議會議長。

王金海（1895～？）彰化礦溪鄉人，1924 年畢業於早稻田大學商學部，隨後進入同校研究院專攻信託業 1 年，1925 年進入安田銀行服務，1935 年辭職，1939 年加入大東信託株式會社，爲支配人代理。在東京留學期間加入新民會，爲《臺灣青年》撰稿。光復後，任彰化銀行常務董事兼總經理，南華化學工業公司董事。1925 年到 1935 年著有《金錢信託》、《有價證券信託論》、《信託業法論》等書。

王星海，1923 年畢業於早稻田大學政治經濟科，與黃朝琴同學。

王燈岸（1919～1985），彰化人，北門外望族出身，1934 年到 1944 年在日本留學，先後畢業於東京中野中學、中央大學法律系。先後任職於東京市政府研究部、東亞經濟研究所，1944 年回臺，1945 年光復初爲推進漢語學習而成立國語演習會，任職彰化商校。重要黨外人士。著有《礦溪一老人》，1980 年初版。

王某某，彰化人，王燈岸之弟，1934 年畢業於東京中野中學。

王白淵（1902～1965），彰化縣人，自幼受到林爽文起義故事的影響，1925 年到 1927 年留學東京美術學校，畢業後任教於岩手縣盛岡女子師範學校。《臺灣新生報》記者。1934 年到上海任職於謝春木創辦的華聯通信社，1937 年遭日軍逮捕，被判刑 8 年，被遣返臺灣服役。光復後，1945 年擔任臺灣文化協進會創會理事之一，擔任機關雜誌《臺灣文化》編輯，另外也主編《臺灣評論》雜誌。與大陸人辯論臺灣人是否被日本人奴化的問題、臺灣有無文化問題。1950 年 4 月 19 日以「知匪不報」罪名被判刑 2 年。1931 年出版日文詩集《荊棘之道》。晚年出《回憶錄》等。

王金茂（1913～？），宜蘭人，1940 年畢業於慶應大學醫學科，醫學博士。光復後，在臺灣行政長官公署、臺灣省府衛生處工作，歷任基隆醫院院長、

臺南醫院院長、省府衛生處長、「行政院衛生署署長」，臺灣醫務管理學會名譽理事長。

王金星（1904～1947），屏東人，1927 年畢業於中央大學法學部，枋山莊長，參加興建左營軍港，壯丁團長。光復後，自行代理鄉長，經營山林。二二八事件中被殺。

王熙宗（1902～？），雲林縣人，東京商科大學畢業，經商，光復後，競選首屆省參議員。

王吟貴（1906～1996），雲林北港首富王雙第四子，1933 年畢業於京都帝國大學經濟學部，1936 年選爲北港信用組合理事，北港街助役。光復後，任合作金庫嘉義支庫經理，中國紙廠經理等。雲林縣第一屆議會議長，省府參議、省議會議員等。

王洛（1909～？），字世恭，臺北市人。日本國立公眾衛生學院醫學博士，還曾留學美國。日軍佔領東三省時，任遼寧省立醫院長、長春大學醫學院長。光復後，任臺北市衛生院院長。著有《簡明衛生學》等。

王翼漢（1916～1999），彰化鹿港人，畢業於關西大學法律科，公賣局酒廠總務課長、《臺灣工業新報》發行人、社長。主辦《鸞友》雜誌，從事宗教活動。

王金河（1916～？），臺南市人，漁家子弟。1934 年到 1941 年留學明治學院中學部、東京醫專。外科醫生。1943 年回臺，在故鄉開設「金河診所」，50 年間專治烏腳病患者。是「全國」好人好事代表，蔣經國多次拜訪。獲得第二次「賴和獎」的醫療服務獎、北美洲臺灣醫師協會醫療服務獎、臺灣省醫師公會服務醫界貢獻殊偉獎、李登輝「總統」頒發的「仁醫濟世」匾額等。被稱爲「烏腳病患之父」。

王柏青，臺南市人，1928 年到日本東京醫專留學，回臺後做醫生。

王進瑞，1939 年畢業於駒澤大學佛學專科。

王傳烈，1942 年畢業於駒澤大學佛學專科。

丘念臺（1894～1967），臺中人，1913 年到 1920 年在日本留學，東京帝國大學採礦科畢業。隨父丘逢甲回大陸，成長於廣東。1920 年在東京組織東寧學會。畢業後回大陸工作，瀋陽兵工廠技師，遼寧西安煤礦公司採礦主任，廣東省顧問兼工業學校校長，第七戰區少將參議，中山大學教授。光復後回臺，臺灣省黨部主任委員，1948 年當選監察委員，國民黨中常委。赴日勸廖

文毅放棄「臺獨」活動。著有《嶺海微飆》，1962 年 12 月中華日報社出版。

孔德興，屏東人，東京帝國大學法學部畢業，日本文官高等試驗司法科及律師考試及格，1945 年 9 月任屏東市長，1946 年 1 月任高雄縣府財政科長。

鄧雨賢（1906～1944），龍潭人，1929 年留學東京音樂學校學習作曲，1933 年 7 月 1 日進入哥倫比亞唱片公司任作曲專員。1939 年轉任芎林公學校教師。著有《望春風》、《四季紅》、《雨夜花》、《碎心花》、《月夜愁》等名曲，1942 年被迫改名為「東田曉雨」。

鄧南光（1907～1971），新竹北埔人，1929 年到日本法政大學經濟學系學習，參加學校寫真俱樂部，轉以攝影為職志。1935 年開設照相器材行。拍攝全臺人文風景 6000 多張。1964 年發起設立臺灣省攝影學會，連任 7 屆理事長。

鄧錫章，臺中人，東京法政大學畢業，臺中二中教師，因臺中地區工委會案被殺。

鄧火土（1911～1978），號東山，彰化人，1937 年到廣島文理科大學生物科學習，畢業後到北平日本人中學任教。1950 年任臺灣省水產試驗所長。

石錫勳（1900～1985），彰化縣人，1923 年到東京醫學專門學校留學，醫生，文化協會創會理事，臺灣議會期成同盟會理事。1945 年光復初，任彰化市接管委員會主席，彰化市長，市參議員，三青團彰化分團主任等。1954 年起三度以無黨籍身份競選彰化縣長失利，黨外前輩。

石玉秀（1925～？），又名李淑芬，南投人。1937 年到貝谷八百子學院、東京舞蹈學校留學，回臺後，歷任虎尾高中、臺北女中、省立師範等學校教師。

石煥長（1891～？），宜蘭羅東人，1922 年畢業於東京醫學專門學校，1919 年加入新民會，回臺後加入臺灣文化協會，任理事，1923 年 1 月與蔣渭水等向北署申請成立臺灣議會期成同盟會，被日本殖民者以治安警察法禁止。1923 年 7 月與連溫卿、謝文達、蔣渭水、蔡式谷等在臺北組織「社會問題研究會」。1923 年 12 月在治警事件中被捕，判刑 3 個月。到新加坡行醫，後到上海。

（陳）石滿（1909～？），宜蘭羅東人，1931 年畢業於東京女子醫專，富商石煥堂之女。羅東呈祥醫院醫生，六叔石煥長，姑父蔣渭水。1951 年到 1956 年任宜蘭議會議員，1972 年到 1979 年任「國大代表」。

（石）林玉燦（1914～？），岡山人，東京醫科大學首屆畢業生，到滿洲哈爾濱醫院任職，1946 年回臺灣。

石永齡（1916～？），桃園縣人，日本中學畢業，廣大飼料廠廠長。

石益（1916～？），臺北縣人，日本正則學校高級班畢業，光復後任臺北縣議員、縣農會常務監事、副鎮長、鄉民代表等。

石朝桂，日本神學校畢業，回臺灣任臺灣神學院教師。

白永傳（1918～）臺北縣人，山口高等商業學校本科畢業，1971 年創辦中國金屬化工股份有限公司，中國砂輪企業股份有限公司。參加臺北縣工業會，任理事。

白福順（1905～？），臺中埔里人，1929 年畢業於中央大學法科，日本文官高等試驗司法科及格，1931 年 1 月在臺中開業，集大產業會社顧問，1941 年官選臺中市會議員。光復後任能高區署區長，1946 年 2 月任臺中縣民政局社會課長。

古金龍（1922～？），龍潭人，1940 年畢業於東京私立大成中學，光復時在花蓮玉里區署工作，參與接收，因嫌上司水平太差，憤而離職。第二屆縣議員。

古燧昌（1918～？）新竹縣人，明治大學商學科畢業，1973 年 10 月臺灣雙羽電機股份有限公司成立，任總經理。公司資本 15.6 百萬新臺幣，員工 67 人。

古廷正，新竹人，新竹市會議員古雲梯之子，京都帝國大學畢業。

史明（1918～？）又名施朝暉，本姓林，臺中人，1937 年到 1942 年在早稻田大學政治經濟科學習，1942 年回大陸參加八路軍的抗日活動，1949 年 5 月回臺灣，1952 年組織臺灣武裝隊，從事暗殺蔣介石和臺灣獨立活動，被國民黨通緝，逃到日本。1992 年再次回臺搞「臺獨」活動。獨立臺灣會負責人。著有《民族形成與臺灣民族》、《臺灣人四百年史》等。

盧茂川（1907～？），千葉醫科大學畢業，回臺後做藥劑師，經營實業。

盧志中，臺南人，留學大阪商科貿易大學，1950 年 2 月任臺北市府主任秘書。

盧炳欽（1913～1947），嘉義市人，東京齒科專門學校畢業，在廣東求學時參加廣東臺灣革命青年團。後在嘉義開設民生齒科醫院。歷任三青團嘉義分團書記、東門區代表、市參議員。二二八事變中參加談判時被殺。

　　葉鴻傑，高雄市望族出身，慶應大學畢業。1940 年代，經理陳啓清在上海英租界投資的三立洋行。

　　葉文隆，別號壽山，臺北人，1939 年畢業於東京府立東京高等工業學校電機科，1940 年被徵參加日本海軍，2 月去調海南島，暗中參加抗日活動。1948 年 7 月回臺經營臺北文化戲院，1946 年 11 月 20 日蒙蔣介石頒發陸海空軍褒狀。

　　葉清耀（1886～1942），臺中東勢中蔴莊人，1917 年到 1921 年在明治大學法科學習，1918 年通過律師考試，1921 年在臺北做開業律師，不久轉到臺中市。臺中州會議員，1932 年獲明治大學法學博士。為臺灣人首位法學博士。1923 年治警事件中，出任辯護律師，參與籌組臺灣地方自治聯盟。著有《刑法同意論》。

　　葉廷珪（1905～1977），臺南市人，留學明治大學法學部攻讀憲法，日據時期一、二屆臺南市民選市會議員。東亞信託株式會社社長。光復初以戰犯罪名被捕。臺南市參議會議員，廣泰行總經理，1950 年臺南市首屆民選市長，歷任三屆市長，省府顧問。

　　葉鴻成，臺南人，父親葉宗祺為富商、莊長、街協議會會員、市協議會會員等。慶應大學畢業。

　　葉鴻池，臺南人，慶應大學畢業，葉鴻成二弟。

　　葉鴻洲，臺南人，慶應大學畢業，葉鴻成三弟。

　　葉鴻麟，臺南人，慶應大學政治科畢業，葉鴻成堂弟。實業家。廈門運送業組合長。

　　葉盛吉（1923～1950），臺南人，1939 年到日本仙臺第二高等學校、東京帝國大學醫學院留學，1945 年 10 月參加「新生臺灣建設研究會」，1946 年 4 月返臺，轉學臺大醫學院，到延平學院旁聽社會科學課程，1947 年當選學生自治會理事，發行《醫訊》，1948 年 9 月由劉沼光介紹入中共，1950 年 5 月被捕，11 月被殺。

　　葉植庭（1904～？）鹿港人，富商葉增輝之子。兄葉熊祈，詩詞專家。昭和大學醫學博士，小兒科醫生。

　　葉榮鐘（1900～1978），字少奇，鹿港地主家庭出身，1930 年畢業於中央大學政治經濟科，林獻堂秘書，參加民族運動，臺灣地方自治聯盟書記長。《臺灣新民報》東京支社長，《臺灣新報》文化部長、經濟部長。1948 年入彰化銀行服務。著有《中國新文學概觀》、《半路出家集》、《林獻堂先生紀念

集》、《楊肇嘉先生哀榮錄》、《小屋大車集》、《少奇詩草》、《臺灣人物群像》、《臺灣民族運動史》等書。

葉敏棟，花蓮玉里人，留學日本學醫，畢業後到滿洲任醫生。

葉國慶（1915～？），南投人，父親葉在淵是醫生。1944 年畢業於長崎醫科大學。任長崎醫大細菌學教室助手、長崎市技正等。1945 年接父親開的南投淵源醫院。

葉國禎，南投人，葉國慶二弟，東京齒科大學畢業，在東京行醫。

葉國棟，南投人，葉國慶三弟，在日本讀中學。光復後回臺灣。

葉東川（1921～？），南投人，東京都東亞高等商業學校畢業。1946 年在東北參加國民黨軍隊。

葉秋木（1908～1947），屏東市人，中央大學法學部肄業，因抗日遭遣送回臺。經營水泥、原木進口生意。光復後，任三青團屏東分團組織員、屏東市參議會副議長等。二二八事變時任屏東處理委員會副主委，主張和平解決。3 月 8 日被國軍拘捕，不久被殺。

葉昭渠（1913～？），臺北市人，日本東吳大學醫學博士，中央警官學校教授，著有《法醫學》、《遺傳學》等書。

葉炎霧，新竹人，1934 年前後在日本大學學習，二二八事變時和鍾謙順一起帶領群眾劫開新竹監獄，放跑犯人。

葉毓菘（1926～？），新竹縣人，日本信州大學畢業，臺灣化纖有限公司協理兼經理，該公司 1965 年成立，董事長王永慶。

葉某某（1923～？），新竹人，早稻田大學專修班學音樂，日據時期在新竹州府工作。

甘得中（1884～？），彰化望族出身，1906 年去日本留學，經營中央商會，上海新華企業股份有限公司董事長，莊長，臺中州協議會議員。林獻堂秘書，參加同化會等組織。

甘文芳，彰化人，甘得中侄子。參與組織「新生學會」。1945 年 9 月 16 日與高天成成立臺灣同鄉會，任東京華僑聯合會副會長，東京華僑事件處理委員會委員。1948 年任華僑民主促進會長。

江文也（1910～1983），臺北淡水人，1923 年到 1929 年留學長野上田中學、武藏高等工業學校，作曲家，北平師範大學作曲教師，天津中央音樂學院教師，1957 年被打成右派。代表作有《阿里山的歌聲》等。

江呈麟，留學日本西南學院經濟科，曾到僞滿洲國興業銀行任職。

江夢徵（1919～？），臺南縣人，日本西南學院經濟科畢業，獅子油脂有限公司副經理，該公司 1964 年 8 月創立，資本 24 百萬新臺幣，員工 285 人。

江某某（1909～？），嘉義人，東京昭和醫專畢業，購買黃武東所賣的學籍而留學。

莊騰輝，臺北縣人，日本國民學校畢業，光復後任鎮長、市參議員等。

莊要傳，臺北市，中央大學法學部畢業，日本文官高等試驗外交官考試筆試過關口試不過關。任《朝日新聞》香港特派員，臺灣銀行經濟研究所職員，二二八事變後經香港轉日本。

莊顯仁（1924～？），臺北市人，東京商科大學經濟系畢業，大輝國際貿易股份有限公司副總經理，該公司 1979 年 5 月創立，資本 1069 百萬新臺幣，員工 134 人。

莊淑旗（1920～？），臺北市人，慶應大學醫學博士，中國文化學院系教授、系主任。

莊木火，基隆人，早稻田大學畢業，光復後任瑞芳國小校長，二二八事變中曾被捕。

莊天祿（1905～？），梧棲人，1931 年畢業於早稻田大學法學部，參加新民會，同鄉會幹事，1938 年回臺，1941 年之後，任職於《興南新聞》社臺中支局、蘭陽支局。

莊維藩（1918～1968），臺南人，留學東京第三高等學校、東京帝大政治科，文官高等試驗行政科考試合格，1942 年任新營郡守。日官分敕任奏任判任日據臺 29 人奏任官之一。全部奏任者 2 千多。光復初，參與國民政府臺南縣接收，認爲負責臺南州接收的韓聯和毫無近代法治思想。1947 年 2 月任縣政府經建局長，農復會技正，臺灣銀行董事。辜振甫連襟。

莊紹銘，臺南市人，東京法政大學畢業，新豐初中校長、臺南市一、二、三屆議員，市政府機要秘書。

莊孟侯（明治 31 年～1949），臺南安南區人，留學日本學醫，回臺後，任醫生、華南銀行經理、三信理事主席。熱愛祖國，任接收委員。被稱爲「地下市長」。二二八事變時參加「處委會」，後被殺。

莊孟倫（1911～？），臺南人，莊孟侯五弟，在日本學美術。光復後，任高雄光復戲院經理等。

莊清標，臺南人，保正、區長、莊長莊以瀣之子。留學日本警官學校、中央大學。臺南州巡查部長、警部補。

莊無嫌，嘉義朴子人，1928 年公費入奈良高等師範學校家事科，後再入廣島文理科大學教育系，臺首位女性念教育系，戰後去美國，1953 年獲日本頒發的文學博士學位。終生留在日本做教授，因不懂閩南語拒絕出任丘念臺推薦的省府教育廳顧問。

莊壬癸（1914～？），朴子人，1928 年開始留學大阪小學、中學、工業學校，是隨堂姐無嫌去日本，留在日本。

莊垂勝（1897～1962），字遂性，書香世家，父親莊士哲是名儒、鹿港區長。1924 年畢業於明治大學政治經濟科，在東京參加啟發會、新民會等，深受西田幾多郎《善的研究》、朝永三十郎《近世「我」之研究》影響。在臺中開辦中央書局。林獻堂秘書。1946 年任臺中市圖書館長，1947 年二二八事變時加入「臺中地區時局處理委員會」，因此被國軍第 72 師拘捕過，後經營大同農場。著作有《徒然吟草》等。

（林）莊季春（1920～1993），朴子人，富商莊無嫌八妹。1935 年開始到日本留學，入廣島高女、東京女子藥學專門學校，同期留學的臺女 13 人。在朴子開設仁德藥局。

莊來富，朴子人，留學廣島高等女校、裁縫專科學校，莊無嫌十妹。受原子彈輻射感染生病，後先後定居日本、美國。

莊榮楡，南投人，愛知縣安城農業學校畢業，1951 年 1 月到 1968 年 8 月任南投縣建設局長。

莊春火（1906～？），基隆富商之子，1922 年到日本大學社會科學習。受潮流及堺利彥影響，信仰社會主義，臺共創黨黨員。農民組合幹部，參加工運，因不滿謝雪紅退黨，1931 年被判刑 7 年。1990 年代任勞動黨顧問。

莊世和（1923～？），號鵬文，屏東縣人，川端畫學校、東京美術工藝學院純粹美術部繪畫科畢業，受工藝院院長外山卯三郎培養。任潮州高級中學、臺北盲啞學校教師，研究 20 世紀美術及美學論等。有新派畫家、抽象畫家、前衛畫家之稱。

莊守（1905～？），彰化人，早稻田大學畢業，碼頭工人，日共，臺共候補中委，臺灣文化協會候補中委。

莊彩芳，東京女子醫專畢業，醫生。丈夫劉清風。

莊名桂，1931 年駒澤大學東洋科畢業。

連震東（1904～1986），字定一，臺南縣人，1929 年畢業於慶應大學經濟科。返臺任《昭和新報》記者，後到重慶任國際問題研究所組長，參與臺灣革命同盟會。國民政府臺北州接管委員會主任委員，「制憲國大代表」，省長官公署參事，臺北縣代理縣長，省議會秘書長，「國大代表」，《中華日報社》社長，國民黨改造委員會委員，省府建設廳長，省民政廳長，省府委員，省府秘書長，國民黨中央黨部副秘書長，「行政院政務委員」，「內政部長」，國民黨常委，國民黨中評委，國民黨中評會主席團主席，「總統府資政、顧問」。國民黨中央選舉委員會委員。著有《震東八十自述》，1983 年自己刊印。

連龍生（1909～？），臺東人，東京美術學校畢業，1960 年創辦中日飼料油脂企業股份有限公司，工人 216 名。

馮子明，花蓮人，富商、保正、區長馮連二之子。日本齒科大學畢業，回臺開業做醫生。

許桃機，字北辰，臺北縣五股鄉人，早稻田大學經濟科畢業，曾任縣議員。著有《潛能哲學通論》等。

許憲梁（1914～？），臺北市人，山形工專畢業，1969 年 8 月創辦華城電機股份公司，資本 20 百萬新臺幣，員工 85 人。

許振發（1922～？），臺北市人，東北帝大學電氣工學科畢業，臺灣大學教授。

許建裕，臺北縣人，京都帝國大學畢業，曾任職於偽滿洲國中央銀行調查科。

許清隕（1924～？），臺北縣人，日本法政大學畢業，大恭化學工業股份有限公司秘書。

許長卿（1924～？），法政大學政治經濟系肄業，轉入北京朝陽大學。

許榮輝，臺北縣人，富商、莊協許海亮之子。宮城商業學校畢業，金山鄉長，1946 年當選縣參議員，基隆市政府經濟課職員，後辭掉公職。二二八事變中被殺。

許某某，臺北縣人，大阪藥專畢業，許榮輝二弟。任職臺北市政府衛生局。

許榮漢，昭和醫專畢業，中興醫院主任，省府衛生處課長。

許敏惠（1923～？）淡水許丙三子。先後就讀於成城中學、京都大學。

華南銀行董事長，省合作金庫理事長等職。1944 年與李登輝同船回臺參加日軍，由博德到高雄。

　　許章（1897～？），臺北縣人，1926 年大阪醫科大學畢業，臺北醫院內科醫官補，1933 年自己開辦許章內科醫院。

　　許伯埏（1917～1991），淡水富豪許丙長子。1933 年開始留學日本，先後入成城中學、東京帝大法學部。經商，日本文官高等試驗外交科考試合格。1989 年設立國際新象文教基金會。著有《許丙、許伯埏回想錄》，「中研院」近代史研究所 1996 年出版。

　　許清浩（1916～？），日本俳優學校學習舞蹈，舞蹈家。光復後回故鄉，創辦古典巴蕾舞研究社，1953 年在臺北中山堂舉辦第一次創作表演，節目有《月中精靈》、《幽默烈斯克》，他的古典巴蕾舞對臺灣巴蕾影響深遠。

　　許素霞（1904～？），嘉義人，父親爲前清貢生。東洋女子齒科大學肄業，潘木枝妻。

　　許炳輝（1916～？），高雄市人，長崎中學畢業，1973 年創辦三裕木業股份有限公司，資本 80 百萬新臺幣，員工 520 人。

　　許國雄（1922～？）高雄參議員許秋粽之子。1945 年九州島大學齒科畢業。1946 年回臺，高雄醫院醫生，高雄醫學院教師，創辦東方工專，加入國民黨，二二八事變時被抓，因是彭孟緝母牙醫被放。當選「國代」，省教育會理事長。

　　許舜雄（1924～？），高雄人，許國雄弟弟。東京高等師範學校生物科肄業。1946 年 2 月回臺北師範學院就學，二二八事變時被捕。

　　許雲霞（1916～？），臺中縣人，法政大學畢業，永大機電工業股份有限公司董事長，該公司 1966 年 7 月創立，資本 70 百萬新臺幣，員工 650 人。

　　許壬子，北港大地主、鹽商之子。光復時捐建歡迎門，二二八事變時逃亡。

　　許壬辰，北港大地主出身。東京拓殖大學畢業。北港日軍柔道教師，日據時期任嘉義警察，鄙視中國軍警。二二八事變時地方人士組成保安隊。由許壬辰任隊長。帶人去包圍水上飛機場，被殺。

　　許壬申，北港人，1947 年回臺灣，二二八事變時逃亡。

　　許禎興，嘉義人，日本大學畢業，日據時期曾任嘉義警察，和許壬辰帶人包圍國軍水上飛機場。中國軍警文化水平低而氣焰很高，他們不服。

　　許文思（1925～？），高雄人，北海道帝國大學畢業，醫藥學家，1950 年回大陸，任臺灣民主自治同盟上海支部主任委員。

　　許禎祥，高雄人，東京帝大醫學博士，在日本經商致富，日本同鄉會會長，僑選「立委」。

　　許禎明，高雄人，許禎祥三弟，醫學博士，姐夫是臺南縣長胡龍寶。

　　許禎文，高雄人，許禎祥四弟，醫學博士。

　　許茂元（1903～？），臺南人，哥哥許能春是富商，保正。早稻田大學畢業，港乾信用合作社社長。

　　許太陽（1914～？）臺南市人，父親許望是神戶新復興商行代表。京都府立醫科大學畢業，先後任宜蘭醫院院長和新竹醫院院長。

　　許富美（1918～？），臺南市富豪許望之女，大阪市帝國女子藥專畢業。

　　許子秋（1920～1988），臺南市人，1943 年畢業於京都大學，獲得醫學博士。時值抗日戰爭時期，乃秘密到大陸，獻身公共衛生工作。光復後，任臺灣省公共衛生教學實驗院院長、臺灣精神醫學會監事，1962 年到 1970 年任省衛生處長、省立醫院副院長。1970 年任職聯合國西太平洋署，主持家庭計劃及婦幼衛生。臺灣省婦幼衛生協會發起人，「衛生署署長」，「行政院顧問」。

　　許世賢（1908～1983），臺南人，父親許煥章是清朝秀才。東京女子醫專、九州島帝大醫學部畢業，醫學博士。醫生，開設泰德醫院、世賢醫院。在嘉義開設順天堂醫院。光復後，任嘉義女中校長，嘉義市參議員，嘉義市長，省議員，省議會「五龍一鳳」中的「鳳」，問政認真，「立委」等。

　　許鶴年（1904～1969），字天壽，父親是武秀才。日本大學肄業，滿洲專賣署查緝鴉片，與日本人合開安東協和染廠。戰後，在華北的臺灣人回臺時，吳三連、楊肇嘉出力最大。經過劉明朝介紹，任職省合作金庫。

　　許溢深（1909～？），臺南縣人，東京醫科大學畢業，1962 年 8 月在高雄創辦柏林股份有限公司，資本 20 百萬新臺幣，員工 100 人，生產塗料等。

　　許子哲，屏東人，長崎醫科大學畢業，戰時曾任日軍空軍上尉醫官，自開診所。在臺中參加二二八事變，後定居日本。

　　許強（1913～1950），臺南佳里人，日本九州島帝大醫學博士，臺大醫學院副教授，臺大醫院內科主任，臺大醫院院務改革委員。與上海臺灣同鄉會會長李偉光有聯繫，二二八事變後與臺大醫院部部分醫生秘密研習左派理論，1950 年被捕殺。

　　許炳輪（1918～？），南投人，岩手醫學院畢業，新藝藤業有限公司董事長，該公司 1973 年 12 月創立，資金 15.3 百萬，員工 280 工人，製藤業。參加扶輪社。

　　許整備，澎湖人，京都帝大畢業，1963 年 9 月任省府環境衛生實驗所長。

　　許整景（1916～？），澎湖人，京都帝大醫科畢業。醫生，兼澎湖要塞司令部軍醫處主任，兼三青團團長，參議員，公醫會理事長，人民自由人權保障委員會主委。澎湖「二二八事件處理委員會」主委兼治安組長，使澎湖無事。二二八事件時曾阻止史文桂派兵去臺。「國大代表」。

　　（梁）許春菊（1918～1997），澎湖人，1938 年畢業於奈良女子高師範學校，許整景妹妹。臺南二女高教師，新化初中教師兼事務主任，省府教育審查委員會召集人，臺南縣婦女會理事長，臨時省議會議員，省議會一到四屆議員，「立委」。

　　許普（1915～？）澎湖人，新瀉高等水產學校畢業，經商。

　　許胡，中央大學肄業，新民會員、積極參加政治活動，1930 年 6 月選爲民眾黨中常委，政治部主任。

　　許屬玉（1921～？），臺南市人，明治大學畢業，佳美貿易股份有限公司總經理。該公司 1967 年 7 月創立，資本 100 百萬新臺幣，員工 94 人，經營汽車、食品等。

　　許石（1919～1980），臺南市人，音樂學校畢業，學作曲，回臺推展臺灣鄉土歌謠，主要作品有《安平追想曲》、《臺灣小調》、《夜半路燈》等。

　　許嘉興（1916～？），彰化人，兩洋中學畢業，民選第四屆第五屆鹿港鎮長，彰化縣議會第一、三屆議員。

　　許乃昌（1906～1975），筆名秀湖，1925 年到日本留學，日本大學畢業，彰化信用組合理事許嘉種長子。昭和製紙株式會社常務董事，1942 年集大會社支配人等。1926 年參加東京社會科學研究會；1932 年入《臺灣新民報》社。光復後，擔任《民報》總編輯等。

　　許乃邦，彰化人，東京帝國大學畢業，許乃昌弟。光復後，法官。「員林事件」發生時擔任臺中地方法庭庭長，事件起源是民眾控告縣方警員，調查員前往調查卻遭警員開槍。包括許乃邦在內，凡膽敢對警察判刑的法官，二二八事變時都在追輯名單上。

　　許常美（1918～？），彰化和美許幼漁長女，1940 年前後在日本上中學、大學。藥劑師。

　　許秋槎（1920～？）彰化和美許幼漁次女，醫學博士，丈夫廖道雄也是醫學博士，在日本大阪開業。

　　許常山（1923～？），父親許幼漁是詩人、醫生。關西醫科大學醫學博士。泛愛醫院院長，後定居加拿大。

　　許昭華（1926～？）彰化和美人，東京中學英文學士，丈夫闕文仁為農學士，定居加拿大。

　　許常安（1928～？），彰化和美，許幼漁次子，1940年去東京玉川學園中學學習，臺灣師大教授，日本專修大學教授，文學家。

　　許常惠（1929～2001），許幼漁三子。1940年去日本留學，先後進入東京都世田谷區第三荏原小學、明治學院中學部、長野縣野澤中學等學校。1953年臺灣師範大學音樂系畢業，參加音樂著作權人協會、民族音樂中心、中華民俗藝術基金會，主導成立亞洲作曲家聯盟、「國策顧問」，二二八事變時，臺中一中學生會聲援中部各界、支持民主自治。著有《先父幼漁公事略》，大友書局1960年出版；《臺灣音樂史初稿》，全音樂譜出版社1994年出版。

　　許鴻源（1917～？），明治藥科大學、東京大學畢業，1946年12月任職省衛生試驗所，臺灣首位藥學博士，著有《中國醫藥概念》。

　　許文政（1924～？），宜蘭人，名古屋帝大醫科畢業，臺北醫學院教授。

　　許清琛，東港人，留學日本學醫，醫生，二二八事變時被軍人槍傷，遭搶。後行醫。

　　許猛（1922.8～？），彰化縣人，日本近畿大學畢業，許瑞興工業有限公司董事長。該公司1965年10月創立，資本10百萬新臺幣，員工135人。生產汽車、機車等控制導線，參加國際獅子會。

　　許繼麟，1930年畢業於駒澤大學佛專科。

　　孫某某，高雄人，在日本學醫，高雄醫院醫生，二二八事變時被抓。

　　孫土池（1924～？），苓仔僚人，東京文化學院、東洋大學日本文學畢業。光復後，在臺北，王白淵引薦加入《人民導報》，任日文記者，3月2日從臺北回高雄，任高雄市議長。

　　朱俊英，臺北人，1895年7月，總督府民政局學務部長伊澤修二帶去東京留學。

　　朱昭陽（1903～2002），臺北板橋人，父親為四海街協議會員，祖、父兩代開辦「朱源隆紅酒店」。1921年到1928年留學日本，先後入東京第一高等

學校、東京帝大法學部，大學期間通過文官試驗行政科考試與大藏省就職考。加入新民會、臺灣文化協會。畢業後到大藏省就職，位至敕任官，日據時期，臺灣人最高行政官。戰後，在日本成立「新生臺灣建設研究會」，回臺後參與創辦延平學院，任延平中學校長、董事長。1949 年 9 月被警總關押 100 天。朱昭陽口述、林忠勝撰《朱昭陽回憶錄：風雨延平出清流》，前衛出版社 1994 年出版。

朱華陽（1908～1999），朱昭陽三弟，東京帝大經濟科畢業。當時東京帝國大學、早稻田大學左傾風氣盛行。東京帝國大學教授分左右兩派，經濟學部教授尚自由、社會主義，課的內容批資本主義。朱華陽等人受到影響。在大陸任職。光復後，任農林廳檢驗局副局長，1950 年時入獄 6 年。

朱明陽，臺北板橋人，朱昭陽四弟，東京工業大學畢業。

朱彩陽，朱昭陽五弟。長崎醫科大學畢業，1943 年任島原療養院院長，1946 年回臺灣。

朱昆陽，朱昭陽六弟，東京齒科大學畢業。

朱子慧（1924～？），高雄地主家庭出身，地主出身。光復後，獅甲國民學校教員，1945 年底加入王清佐、簡吉組織的三青團，1949 年被保安司令部殺。

朱青松（1898～1959），臺中大甲區長朱麗長子，1909 年入同志社中學讀書。醫生，開辦大甲青松醫院。

朱江淮（1904～1995），字博光，號仲謀，臺中大甲基督世家、街長、莊長、實業家朱麗次子，祖父是前清進士。1920 年去日本留學，先後進入同志社中學、京都帝大電氣科學習。臺電公司協理，臺灣肥料公司董事長，省建設廳長，「中日文化經濟協會總幹事」，著有《朱江淮回憶錄》等。

朱叔河（1906～1980），朱江淮三弟。京都立命館大學法學部畢業，受新竹謝介石引薦，到偽滿洲國外交部任職。光復後，在臺灣電力公司任職。

朱瑞源（1926～1990），朱江淮五弟。大阪工業大學工學畢業，在日本電源開發株式會社任職，1973 年加入日本籍。

朱瑞銓，臺中大甲人，朱江淮六弟，日本軍校。

朱進丁（1920.12～？），臺南縣人，東京工業學校畢業，南光紙業有限公司經理，該公司 1967 年創立，資本 50 百萬新臺幣，員工 120 人。

朱盛淇（1905～？）新竹關西人，1934 年畢業於日本大學法科，文官高

等試驗司法科考試合格。律師，新竹縣義民中學校長，新竹州會議員。新竹企銀董事長。光復後，1951年4月當選新竹縣長，1954年5月當選連任。「行政院顧問」。

朱漢耀（1907～？），高雄鳳山人，明治大學法學部畢業，經營榮春米廠，從事米穀進口，高雄縣進出口商會理事長，省商業聯合會理事，1946年任高雄縣商業會主任委員、首屆理事長。

劉耀輝（1933～？），臺北縣人，東京獸醫專科學校畢業，淡水中學畢業，與鍾謙順同學。

劉天祿（1902～？）臺北人，日本大學法科畢業，記者、報社支局長。

劉國智（1918～？）桃園縣人，中央大學法科畢業，1973年1月創辦建全工業股份有限公司，資本24百萬新臺幣，員工76人。

劉蘭亭（1894～1933），臺北板橋人，早稻田大學法律科畢業，臺灣文化協會會計、理事。

劉聯益，留學日本學醫，1945年5月任新竹市衛生院長，1950年10月任新竹縣衛生院長。臺南市衛生院，臺南市衛生局長。

劉青雲（1894～1981），大地主、基督世家，祖父劉鼇，父親劉瑞山。1910年到1921年在同志社中學、慶應大學學習。實業家，經營三多商會。妻子日本人。朱江淮親家，女婿賴永祥東京帝大畢業。五妹婿楊基銓。兄弟姊妹與顏家、霧峰林家聯姻。

劉主（子）安，東京高等工業學校畢業，劉青雲二弟。臺南長榮女中校長，又留學劍橋大學，神學家。

劉子祥（1906～？），慶應大學經濟科畢業，劉青雲三弟。臺灣自治聯盟支部長，1935年民選市會議員。

劉清風（1900～1978），臺南府城商紳劉錫五長子，1919年京都同志社中學部畢業，1926年在美國獲得博士學位。1927年任復旦大學教授。1929年回臺南開設青峰醫院。光復後，臺南家專、高雄東方工專教師，參加紅十字會、青年會、醫師公會等。

高謹治，東京高等技藝學校畢業，劉錫五長女。

劉宇治，東京齒科醫專畢業，劉錫五之三女，祖父劉鼇。

劉聰慧，東京帝國女子醫專畢業，劉錫五第五女。

劉明哲（1892～？），臺南柳營人，舅舅劉神岳是參事、實業家。父親劉

神岳是秀才、柳營區長、莊長、信用組合理事、州協會協議會員。1916 年早稻田大學畢業，嘉義銀行新營所主任，柳營莊長，1922 年被授予紳章，1926年任大東信託株式會社董事，去偽滿洲國哈爾濱任職。臺灣地方自治聯盟常務理事，《臺灣新民報》社監事。

劉明朝（1895～？），柳營人，富豪劉神岳之子，劉明哲二弟。先後在東京第八高等學校、東京帝大法學部政治科畢業，1933 年文官高等試驗行政科考試合格。總督府專賣局翻譯，州勸業課長府殖產課長，日據時期臺灣人任行政官的最高銜，1942 年任臺灣產業組合聯合會理事。光復後，參選省參議員、「國代」、「立委」，任省合作金庫理事兼總經理。

劉清井（1899～？），柳營人，父親劉焜煌為區長、豪農。劉明朝堂弟。1929 年畢業於東京帝國大學醫學部，醫學博士，在臺南市開辦清井內科醫院，臺南州會議員。光復後，任臺南醫院院長、省府民政處衛生局副局長。

劉啓祥（1910～1998），柳營人，劉清井弟弟。1925 年到 1931 年留學東京青山學院、日本文化學院美術科，又留學歐洲學畫。在高雄地區進行美術教育和美術創作。

劉案章（1925～？），南投人，父親劉樹枝是製造陶瓷的富商。常滑町立陶器學校畢業，南投陶器同業者組合組合長。

劉博文，臺南人，日本專修大學高等研究科畢業，臺南縣教育科長、1964年、1968 年當選兩屆臺南縣長。

劉枝萬（1923.12～？），南投埔里人，東京精思中學畢業，中央大學預科畢業，早稻田大學文學部肄業，1946 年返臺，南投埔里中學教師，南投縣文獻委員會研究員，省文獻委員會採集組組長，省立博物館副研究員，臺北市文獻會編纂組長。著有《臺灣埔里鄉土志稿》、《臺灣日月潭史話》、《南投縣革命志》、《南投人物志稿》等。

劉金約（1909～？），南投縣，三重大學農業經濟系畢業，在政府機關 20多年，曾擔任過農業機關的小主管。光復後，任技正、所長、場長，省農會總幹事農林組召集人，連任三屆省議員，《臺灣日報》董事長，1971 年當選「立委」。臺灣省農業建設功臣之一。

劉鳳岐，臺東縣人，豪農、參事、保甲局長、莊長、莊協會協議會員劉金安次子。早稻田大學畢業，畢業後到大陸任大學教授。

劉安紅，屏東人，貢生、莊長、參事劉維經三子。早稻田大學政經科畢業，回臺後，任助役，莊長，信用組合理事。

劉水來，劉安紅堂弟，早稻田大學畢業，《每日新聞》記者，助役，莊長。

劉深銅，臺東人，富豪、莊長、聯合保甲局長、保正劉玉輝之子。早稻田大學肄業。經營實業。

劉錦璋（1927～？），苗栗人，六一航空機校畢業，工程師，發明冷熱機和空調遙控器。

劉闊才（1911～1993），苗栗公館醫師之子。1931 年去日本留學，京都帝大法律科，關西學院大學博士。文官高等試驗司法科考試及格，但義不做日官，律師。光復後，二二八事件時任苗栗治安隊長。後任新竹縣建設局長，省參議員，省議員，省府委員。擁護國民黨的土改政策。1969 年以最高票當選「立委」。「立法院副、正院長」，「總統府資政」。國民黨中評會主席團主席。

劉定國，字正民，號柏成，苗栗人，留學日本，中學畢業，回大陸參加國民黨軍抗日活動，光復後任臺灣省政府委員。

劉振芳（1898～？），高雄縣人，1927 年明治學院神學部畢業，1929 年任臺中柳原教會牧師，1955 年任舊城教會牧師，1961 年任東京臺灣長老教會牧師。

劉登王，高雄人，東京法政大學法科畢業，1954 年 9 月到 1955 年 3 月任高雄縣立圖書館長。

劉尚修，高雄市人，東京醫學專門學校畢業。醫師檢校及格。光復後，先後任高雄縣衛生院院長、鳳山醫院院長、岡山醫院院長。1964 年任高雄縣衛生局長。

劉錦堂（1894～1937），臺中頂橋人，1915 年至 1921 年間在東京美術學校西洋畫科學習，1920 年到上海參加革命革命，認國民黨元老王法勤為義父，改名王悅之，回北平教書，幫助王法勤從事國民黨的地下活動，經營北平藝專，終生未再回臺灣，代表作有《棄民圖》、《臺灣遺民圖》等。

劉茂雲（1895～？），豐原人，1924 年畢業於慶應大學法科，文官高等試驗行政科考試及格。臺灣總督府通信書記兼府屬，高雄州和臺南州勸業課長，高雄稅關監視部長，新竹州勸業部長，總督府庶務課長，山林課長，書記官等。

劉萬（1905～？），臺中大甲人，先後畢業於高知高等學校、京都帝大法學部，高等文官試驗考試行政科合格。臺灣總督府交通局書記，總督府稅關屬，高雄稅關監視部長，新竹市助役兼文書課長，新港郡守，海山郡守，皇民奉公會中央本部參事。光復後，任臺灣省合作金庫大稻埕支庫經理。

劉慶瑞（1923～1961），臺中人，先後在京都第三高等學校、東京帝國大學法學部畢業，因成績優異保送上大學，但很快珍珠港事件爆發，學校停課。轉入臺灣大學畢業。留美，1960 年回臺，任教於臺灣大學。著有《比較憲法》等。

劉吶鷗（1900～1941），臺南新營人，原名劉燦波，筆名洛生，青山學院、慶應大學文科畢業，再到上海震旦大學念法文一年。1928 年在上海創辦第一線書店。出任汪偽政府《國民新聞》社社長，1941 年 9 月 3 日被暗殺。文學家。2001 年臺南縣政府出版《劉吶鷗全集》。

劉金登錢（1914～？），臺南人，日本獸醫專門學校畢業，正一紙器工業股份有限公司總務經理。該公司 1969 年 7 月創立。

劉育奇（1921.10～？），臺南縣人，東京帝國大學文學院畢業，光復後，任臺南市建設局長，臺南市政府主計室主任等。嘉泰企業股份有限公司董事長，該公司 1966 年 5 月創立，資本 50 百萬新臺幣，員工 150 人，生產農藥。

劉再生，嘉義人。

劉傳來（1899～1985），嘉義人，富豪劉闊三子。1926 年畢業於日本醫學專門學校，在嘉義開設振山眼科醫院，嘉義市會議員，興亞株式會社社長。光復後，省參議員，「國大代表」等。

劉明（1902～1993），嘉義富豪劉闊四子。1919 年至 1928 年在日本留學，東京高等工業學校應用化學科畢業，經營瑞芳大粗坑金礦，設振山實業社。礦業巨子。1947 年首屆臺區煤礦公會理事長。1949 年到 1950 年任臺灣省府石炭調整委員會主委。朱昭陽的延平學院的主要贊助者。延平學院校務委員還有曹欽源、洪遜欣等人。二二八事變中，親身參與緝私員和賣煙婦女的爭鬥。關心民進黨。

劉建廷（1917.3～？），嘉義縣人，日本大學第三中學畢業，國華產物保險有限公司營業部經理，該公司 1962 年 11 月創辦，資本 100 百萬新臺幣，員工 274 人。

劉啓光（1905～1968），原名侯朝宗，字明遠，嘉義人，明治大學畢業，回祖國大陸參加抗日戰爭，光復後回臺，到臺南北港演講。1946 年 1 月任臺灣行政長官公署參事，新竹縣長，華南商業銀行董事長。1953 年任省府委員。

劉森斌（1919.3～？），南投縣人，門司名教高中畢業，振昌木業股份有限公司總務課副課長，該公司 1966 年 10 月創立，資本 149 百萬新臺幣，員

工 567 人。

劉兼善（1896～？），字達麟，高雄縣人，1919 年早稻田大學政治經濟科畢業，1921 年任廣州革命大本營宣傳委員，廣東法政專門學校教授。廣東大學、中山大學教授，黃埔軍校教官，在大陸參加抗戰。光復後返臺，臺灣大學訓導長，省參議會議員，省府委員，「考試院考試委員」等。

劉燕，屏東人，東洋音樂學校畢業。

劉紹興，屏東人，先後留學日本大學醫學部、東京帝國大學，醫學博士。1957 年 11 月任屏東醫院院長。

劉清魁，藍敏表哥，東京工業大學礦冶畢業，到山西省任省政府礦冶科長，徐永昌連襟。

劉捷（1911～？），筆名郭天留、張猛三，萬丹人，速記學校畢業，在東京參加 1933 年 5 月成立的「臺灣藝術研究會」，《新民報》記者，文學評論家。

劉守塤（1923.4～？），彰化縣人，日本中央大學肄業，建大工業股份有限公司財務部經理，該公司 1974 年 6 月創立，資本 126 百萬新臺幣，員工 908 人。

劉明電，1933 年「米管案」三勇士，吳三連、楊肇嘉、劉明電在東京反對總督府的《臺灣米穀管理案》。

劉沼光，新竹客家人，東京帝國大學醫學部，中共黨員。

池朝金（1922～？），彰化縣人，日本聖峰中學畢業，二戰後，在青島組織臺灣旅青同鄉會，協助同鄉返臺。經營產品外銷。

呂子實（1922～1960），瑞芳人，富商、保正、瑞芳莊協議員呂溪山之子。1941 年畢業於秋田礦冶學校，任臺灣金礦冶機器工程師。

呂阿昌，萬華富商之子。京都帝大醫學博士。開辦懷安醫院，內科小兒科名醫。光復初當選「國大代表」。臺北市議員，艋甲信用組合理事，省醫師公會理事長，臺北市醫師公會理事長。

呂阿墉（1900～？），萬華人，呂阿昌弟弟，先後留學東京第二高等學校、東京帝國大學法學部。讀書期間通過文官高等試驗司法科考試，1919 年 1 月在東京參加新民會，並被推為理事，1926 年畢業，先後任東京地方裁判所司法官試補、橫濱地方裁判所判事等。戰後初期病逝。娶日本女人為妻。

呂天爵，萬華人，呂阿昌次子。九州島帝大工科畢業。

呂革令，臺北市人，長崎大學畢業，醫學博士。馬偕紀念醫院院長兼外

科主任。

呂鐵州（1899～1942），桃園大溪人，前清秀才呂鷹揚之子，1930年畢業於京都市立繪畫專門學校，隨日本著名畫家福平田八郎學畫，1930年回臺灣，組織麗光會、六硯會、南溟繪畫研究所。六硯會由呂鐵州、郭雪湖、陳敬輝、楊佐三郎、曹秋圃等六人發起成立，以推廣美術創作和建立美術館爲職志。

呂鼎鑄，東京市立繪畫專校畢業，參事、街長呂鷹揚之子。街協議會會員，畫家。

呂廷結，區長、莊長呂家聲之子。日大法科高等研究科畢業，信用組合理事，產業組合理事，莊協議會會員。

呂季園（1890～1961），豐原神岡富豪、參事、莊協、信用組合理事呂汝玉第八子。1906年到1912年，先後畢業於山口縣中學、明治大學。株式會社新高銀行臺中支店二號人物，1924年新高、嘉義、商工合併成商工銀行，任高級職員。信用組合理事，大東信託株式會社經理，神崗莊長，州協議會員。

呂柏齡（1893～？），神岡呂汝玉第九子，先後在小學、東京山口高等商校畢業，遷居東京。

呂磐石（1898～1959），豐原神岡人，莊長呂鶴巢之孫。早稻田大學商科畢業。實業家，大安產業株式會社支配人。弟呂靈石。呂鶴巢兄是呂汝玉

呂靈石（1900～？），神岡呂鶴巢之子。1911年到1927年留學日本，先後畢業於小學、開成中學、明治大學法科。律師，先後任東京臺灣青年會幹事、新民會理事，率鄉土訪問團訪問全臺，1929年議會設置運動請願委員。《臺灣新民報》印刷部長，《興南新聞》文書課長，黃敏奉公團中央本部囑託。林獻堂外甥。

呂璞石，神岡人，在日本受中學教育，臺灣大學機械系畢業。

呂泉生（1916～？），神岡人，東洋音樂學校畢業。小提琴家。參加臺灣文化協會和「厚生演劇研究會」。

呂國震（1924.1～？），臺中人，東京目白商業學校畢業，臺中縣稅捐稽徵處股長，臺中市中區合作社經理。

呂赫若（1914～1950），臺中潭子人，1942年東京武藏野音樂學校畢業，男中音歌手。參加臺灣文化協會和「厚生演劇研究會」。教師。參與《人民導報》、《自由報》、《光明報》等編輯工作，臺共黨員。著有小說集《清秋》等。

呂憲發（1900～？），臺南人，東京醫專畢業，開業醫生，莊協議會會員，1935年當選民選州會議員。

呂世明（1900.12～1992），號曉陽，1926 年畢業於早稻田大學政治經濟科，經營輕鐵會社，1935 年官選彰化市會議員。新竹汽車客運公司董事長，該公司 1919 年 9 月創立，資本 60 百萬，員工 1511 人，創立投資促進會推動農業機械發展。1947 年當選「國大代表」，省議員，1960 年連任兩屆彰化縣長。重視教育。彰化紅派鼻祖。有「臺灣汽車大王」的稱號。

呂安德，澎湖人，日本大學專門部建築科畢業，澎湖縣建設科長，要塞司令部技正，二二八事變處理委員會治安組副組長，馬公鎮副鎮長，縣建設局長，省議員，縣長。

呂哲（1900～1968），澎湖人，1933 年畢業於九州島醫學專門學校，白沙鄉公醫，澎湖廳協議會員，1946 年為縣政府衛生顧問，1947 年開始任縣立婦嬰保健所長，1948 年到 1956 年任縣衛生院長。

呂連樹（1920～？），桃園人，東京南方外語學校畢業，參加侵華日軍任翻譯。二戰後回臺灣經商。

呂朝清（1921.3～？），彰化縣人，法政大學商科畢業，彰化汽車客運公司總經理，該公司 1942 年 3 月創辦，資本 48 百萬元，員工 712 人。

呂基正（1914～1990），臺北市人，1931 年畢業於神戶神港洋畫研究所，畫家，從事美術教育和創作，參加臺陽美術協會，1948 年創辦青雲美術會。

呂訴上（1915～1970），彰化人，1940 年先後留學於日本大學電影科、東京新聞學院，放映電影，光復後，做過警察，閩南語劇團團長，中國文化學院教師等。著有《臺灣電影戲劇史》，銀華出版部 1961 年出版。

呂竹木，1940 年畢業於駒澤大學佛專科。

紀慶升，嘉義人，神戶工校電氣科畢業，曾到偽滿洲國工作。

紀薩，花蓮人，1925 年到平安中學留學，花蓮能高團棒球隊隊員。

宋斐如，臺南人，富家出身。東京帝大研究院畢業。回大陸，主辦《人民導報》。與謝東閔、王添燈、黃朝琴等人密切，二二八事變時把自己座車撥給記者使用，以采訪基隆臺北等各地之事。

宋增榘，臺中人，早稻田大學畢業，1946 年任臺中縣長。

宋顯華（1913～？），臺南市人，日本大學畢業，仁德實業股份有限公司董事長，該公司 1968 年創立，資本 30 百萬新臺幣，員工 76 人。

宋進英，臺北人，富商宋瑞昌之子。1934 年畢業於東京帝大法學部，律師，日本文官高等試驗司法科考考試合格，在東京做律師。光復後，任私立延平中學副校長。市長黃啓瑞曾邀請其出任臺北市教育局長和臺大教授，但

遭拒絕。

宋春芳，1940年畢業於駒澤大學佛專科。

湯德章（1907～1947），臺南玉井人，日本中央大學法科肄業，日本警察阪本與湯姓女子之子。日本文官高考試司法科及格，臺南警察。執業律師。光復後，臺南南區區長。「二二八事件處委會臺南分會」治安組長。臺南市人民自由保障委員會主任委員，出面維持秩序。被冤殺。

湯守仁（1923～1954），嘉義阿里山鄒族，1941年被送到日本厚木士官學校、軍艦學校學習，1941年以軍屬身份在廣東的戰俘營當守衛，被破格保送日本厚木士官學校，後又軍艦學校，結業後到日本關東軍服役，日軍中尉，被蘇聯紅軍俘虜，送到西伯利亞集中營。戰後回臺，1946年任國民學校體育代課教師。二二八事件時帶鄒族青年攻打國軍軍械庫，又與嘉義民眾武裝會攻嘉義水上飛機場。1952年被捕。

湯雨霖，北海道大學畢業，1945年12月任農林處養蠶所所長。

李雅各布，日本神學校畢業，臺灣神學院教師。

李緞，臺北人，早稻田大學經濟法制科畢業，國民黨中央監察委員，臺北市婦女會常務理事，臺灣省婦女協會理事長，臺灣省黨部執委。

李延齡，臺北市人，富商、哲學家李春生長孫，李景盛長子。1896年去日本讀小學，明治學院畢業，臺北市實業家。臺北市協議會會員。

李延禧（1883～1959），臺北市人，李春生次孫、李景盛之子。1896年到1915年在日本讀小學、中學、明治學院，又留美。1916年任新高銀行常務經理。商工銀行副總裁。臺灣總督府首任評議會員，臺灣留美第一人。1924年祖父李春生去世後家族爭產訴訟，1927年攜全家移居日本。光復後，被推爲臺灣第一商業銀行民股監察人，但並未回臺任職。

李延昆，李春生之孫，1896年去日本讀小學、明治學院。

李解紛，臺北市李春生族人，1896年去日本讀小學、明治學院。

李源頭，臺北市李春生族人，1896年去日本讀小學、明治學院。

李超然（1910～1992），李春生曾孫，在日本讀小學、中學，後又留學德國、比利時學習化學，日本總督府警務局化學研究工作，新亞香料株式會社常務經理，臺灣農產株式會社董事長等。光復後，行政長官公署工礦處監理委員，臺灣油脂工業有限公司協理，臺灣師範學院教授等職。

李傳謨，1900年到日本農科大學學習。

李石樵（1908～1995），臺北人，1935年畢業於東京美術學校油畫科，開設私人畫室，免費教授美術，臺灣師範大學教授。退休後赴美定居。

李友邦（1906～1952），臺北縣蘆洲人，早稻田大學肄業，在大陸參加抗戰，1937年組織臺灣義勇隊，1940年創刊《臺灣先鋒》。三青團臺灣分團主任。臺灣省府委員，省黨部副主委兼改造委員。

李志中，臺北縣蘆洲人，中央大學畢業，參加朱昭陽的「新生臺灣建設研究會」，光復後，到大陸經商，與楊廷謙籌設臺灣青年會。1950年9月被捕殺。與朱昭陽、謝國城、楊廷謙、林乃敏、陳成慶、朱華陽、廖瑞發等人一起被捕。

李登輝（1923～），臺北縣三芝人，父親李金龍爲警察補。京都帝大農業部農林經濟科肄業，臺省合作金庫研究員，農林廳技正，「行政院政務委員」，臺北市長，臺灣省府主席，第七任「副總統、總統」，國民黨代理主席、主席，第八、九任「總統」，中華文化復興運動總會會長，國家統一委員會第四屆主任委員，「憲政」研討委員會主任委員，臺灣綜合研究院名譽董事長。

李騰嶽（1895～1975），號鷺村，臺北縣蘆洲人，1940年獲得京都帝國大學醫學博士學位，醫生，獲得第10屆醫師節獎。臺灣省文獻委員會編纂、委員、副主任、主任委員，民政廳專門委員。著有《臺灣瘧疾防治簡史》、《臺灣醫事衛生發達簡史》、《臺灣省通志稿政事志衛生篇》、《李騰嶽鷺村翁詩存》等。

李克鍾，臺北縣人，李騰嶽之子。醫學專門學校畢業，兒科醫生。

李金土（1900～1972），別號襄輔，臺北市人，1925年畢業於東京上野音樂專科學校，主修小提琴和音樂教育。臺北師範學校教師，1931年參與舉辦「臺灣全島洋樂竟演大會」，爲臺灣首次舉行的提琴音樂比賽，也是臺灣首次舉辦的西式音樂比賽。光復後，臺灣師範大學教授。著有《音樂欣賞法》、《音感訓練法》等。

李桂香，東洋音樂學校畢業。

李泫（1908～？），臺北市人，東京農業大學畢業，中日飼料油脂公司副總經理，該公司1960年創立，資本220百萬新臺幣，員工216人。

李孝廉（1904～？），日本大學商學部經濟系畢業，明電電機公司董事長，該公司1972年4月創立，資本10百萬新臺幣，員工147人。

李純青（1908～1990），臺北市人，日本大學社會學系肄業，1935年9月回大陸抗日。先後任上海、重慶、香港《大公報》主筆，組織「臺灣革命同

盟會」，參加受降典禮，率記者團全臺宣傳中共主張，主編《臺灣評論》，在滬報刊發文支持「二二八事件」。全國人大代表，全國政協常委，臺灣民主自治同盟副主席。著有《日本問題概論》、《望臺灣》、《筆耕五十年》。

　　李孝本（？～1974），臺北市人，1933年畢業於駒澤大學人文學科，省文獻委員會編纂員、臺北市文獻委員會編輯組長。著有《佛學概說》等。

　　李丙心（1913～？），臺北市人，成淵學校法律經濟專科畢業，臺北市議員，省議員，省青年文化協會理事長。

　　李東輝（1922～？），臺北市人，東京大學經濟科畢業，自由職業者，參選首屆省議員失敗。

　　李儒聰（1921～？），臺北縣人，1944年法政中學畢業，歷任瑞三礦業公司、臺灣區煤礦業同業公會理事、常務理事。第一產物保險公司董事長。青島通運股份有限公司董事長，該公司1973年12月創立，資本25百萬新臺幣，員工40人，經營貨櫃運輸等。1951～1963年任臺北縣議會議長，1963～1988年臺北縣議會議員。1969年當選「立委」，中華民國舉重協會理事長，「國民外交協會常務理事」。

　　李慶生（1921～？），臺北市，早稻田大學商科畢業，大宇鋼鐵股份有限公司廠長。

　　李梅樹（1901～1983），臺北三峽人，富商李金印之子。1929年到東京美術學校西洋畫科學習，街長。光復後，任中國文化大學、國立藝專、臺灣師範大學教師，鎮民代表，縣議員，「中國美術學會」理事長。

　　李培燦（1923～？），臺北市人，東京電氣技術學校、物理學校畢業，延平區大里里長。1953年以政治犯被捕。

　　李克竣（1915～？），臺北市人，大阪電氣專門學校畢業，經營進口電氣產品，又創立新亞電器公司，經營日光燈。1962年在三重市創設歌林公司。1973年股票上市。創辦《歌林》雜誌和李克竣文教基金會。

　　李良吉（1920～？），1938年到1943年在留學，日本大學專門部商科畢業，1944年任職於日本總督府外事部。光復後，任職於臺灣省行政長官公署，省府科員，華南商業銀行總行幹部。後任臺北區中小企業銀行總經理，該行1948年5月創立，董事長陳逢祿。著有《臺灣經濟》等。

　　李舜卿，臺北縣汐止人，街長之子。1938年去日本留學，東京外語學校畢業。

　　李和（1921～？），臺北縣人，早稻田大學肄業，從事礦業，浦田採礦所

主任，隆記及昭和煤礦主任，臺北縣議員。

李華岳，彰化李金燦之子。在日本讀中學，菲律賓三井物產公司雇員。

李以禮，彰化李金燦之子。在日本讀中學。菲律賓大阪貿易公司職員。

李添福（1899～？），臺北中侖人，日本大學畢業，歸臺從事出口貿易，入瀛社和松社。

李進枝（1920～？），桃園人，臺灣資生堂化妝品董事長。

李瑞漢（1906～1947），新竹人，1929年中央大學法學部畢業，1930年通過文官高等試驗考試司法科，臺北永樂町律師公會會長。二二八事變時提出司法獨立，遇害。

李瑞峰（1908～1947），新竹人，李瑞漢之弟，中央大學法學部畢業，律師，1947年3月10日失蹤。

李源棧（1910～1969），高雄縣人，岩手醫學專門學校畢業，留校任附設醫院小兒科副主任，回臺在左營開辦李源棧醫院。光復初參與接收日本海軍營產。臺灣省臨時省議會議員，在省議會為「五龍一鳳」之一，參與1960年中國民主黨籌組活動。

李添春（1898～1977），高雄美濃人，1929年畢業於駒澤大學文學院佛教科，任職於日本總督府文教局社會課，《南瀛佛教》編輯主任，臺北帝國大學教師。光復初，參與接收臺灣大學，臺灣大學教師。發表佛教文章《臺灣佛教史料》、《東來的達摩》等。

李相（1917～？）高雄市人，同志社中學畢業，振吉電化股份有限公司董事長。該公司1953年5月創立，資本60百萬新臺幣，工人508人。參加國際扶輪社。

李潤宇（1917～？），高雄市人，東京第二高等學校，高雄順德醫院皮膚科醫生，二二八事變時失蹤。

李塗州（1919～？）高雄鳳山人，東京品川養成所機械科畢業，左營煉油廠職員工人代表，二二八事變時被捕。

李塗鎮，高雄人，早稻田大學肄業，省民政廳山地行政指導員，臺東縣東峰區署區長，臺東縣山地室主任。

李存敬（1926～？），高雄市人，名城大學院法學研究所碩士、博士。大同國民中學校長，高雄市議會議員，省議員，國民黨中央監察委員。著有《中華民國監察制度》、《省政芻議》等。

　　李修，高雄市人，富家出身。日本帝大藥劑科畢業。二弟是共產黨，幫助二弟逃跑，被判 15 年徒刑。

　　李瓊梅（1924～？），大甲人，京都同志社女學校畢業，大甲首位女留學生，朱江淮之妻。

　　李烏棕（1898～？），草屯人，明治大學專門部、東京醫專畢業，1928 年在草屯開辦崇仁醫院。草屯莊協議會會員，草屯公學校和土城公學校校醫。

　　李葉奎（1916～？），臺中大甲人，1930 年到早稻田中學讀書，營盤口部落會副會長。光復後，擔任第三屆大甲鎮民意代表，臺中區合會儲蓄公司專員。

　　李君曜（1896～？），礦溪人，父李崇禮爲街長、總督府評議會議員、製糖公司董事、彰化銀行監事。1915 年到日本留學，慶應大學畢業，回臺在彰化開辦醫院。彰化銀行監察人。光復後，彰化市參議會議長，農會理事長。

　　李君晰（1906～？），字哲明，礦溪人，李君曜弟，1920 年去京都帝大經濟科讀書。實業家，市會副會長，信用組合理事。1946 年 2 月從彰化市府秘書調任市府總務科長。

　　李天德（1923～？），臺中縣人，關西商校畢業，中甲、永甲、永日、永信藥品有限公司董事長。

　　李子彬（1932～？），臺中人，新臺灣紡織有限公司常務董事。

　　李仙子（1899～？），明治大學法律科，華南產物保險有限公司總經理，該公司 1963 年 5 月創立，資本 100 百萬新臺幣，員工 189 人，保險業。

　　李連春（1904～2001），臺南縣人，1923 年畢業於神戶商業職業學校，任職於日本加藤株式會社。1946 年前後開始任省糧食局副局長、局長，主持製定糧食政策。省府委員，「行政院政務委員」。1970 年退休。

　　李嘉嵩，崗仔林人，1942 年畢業於日本神學院，牧師，戰後爲員林女子學校校長，參與《基督教論壇報》籌備工作。著有《100 年來》，臺南教會公報社出版。

　　李茂炎（1901～？），斗南人，日本高等牙醫學校畢業，斗南莊協議會員，臺南州米穀組合常務理事。光復後任臺南縣參議員。

　　李漢周，臺南人，京都大學畢業，1950 年 10 月到 1951 年 1 月任南投縣建設局長。

　　李丁趙（1921.11～？），臺南縣人，日本關東中學畢業，惠利企業股份有限公司秘書。

李永福（1920～？），臺南市人，神戶高商畢業，亞波羅電子股份有限公司董事長。該公司1968年12月創辦。資本30百萬新臺幣，工人620名。參加臺南成功國際獅子會。

李瑞山，臺南東山人，1935年前後在日本讀中學。

李清隆，臺南東山人，1935年之後，從臺南教會中學轉到東京私立中學。

李文邦，臺南東山人，到日本讀中學。

李登芳（1924～1947），朴子人，神戶大同精機機械學校畢業，臺東新港派出所警察，樟源派出所警察，臺南友愛街警察。二二八事變時被前來要求繳械的士兵擊傷而死。

李國禎（楨），南投人，《興南新聞》社員、保正、莊協、州協、信用組合長李春盛之子。早稻田大學高等學院畢業，爲臺中縣民政局行政課長，大屯區署區長，南投縣長，1957年任檢驗局長。

李國藩，李春盛第五子，中央大學畢業。

李國民，李春盛第六子，東京齒科醫專畢業，醫生，詩人。

李祐吉，南投實業家春哮長子。熊本醫科大學畢業。1946年3月任臺中醫院院長。

李棟樑（1922～？），南投人，中央大學畢業，振昌木業有限公司營業課課長。

李禎祥（1908～？），南投人，1922年去日本留學，先後入東京市立大冢尋常高等小學校、私立青山學院中學部、私立明治大學預科、明治大學法學部學習，參與《臺灣文藝》編輯。1935年任《東亞新報》記者，草屯保甲聯合會書記。1938年12月考入日本帝國議會眾議院爲臨時雇員。太平洋戰爭爆發，學校提前1學期結束，1941年12月畢業，回臺入彰化乘合株式會社。光復後，回草屯接掌草屯實踐農業學校，首任臺中縣立草屯初級中學校長。調任南投縣政府秘書，建設局農業輔導課長，南投縣立圖書館館長。

李燧煤，南投人，先後入廣島高等學校、東京帝大法學部學習，日本文官高等試驗考試司法科合格。日本貴族院事務官。

李晏（1896～1967），又名李元白，彰化花壇人，1921年去日本留學，先後進入東京北里研究所、慶應大學學習，醫學博士，在東京辦理《東亞醫學雜誌》，後被任爲日本關東廳滿洲里醫院院長，上海同德醫學院教授，震旦醫學院教授，在大陸去世。上海市人大代表。

　　李瑞雲（1895～1938），萬丹人，養父李仲義是下淡水溪以南首富。京都同志社中學、早稻田大學政經科畢業。回臺後，莊協，高雄州米穀同業組合組合長，地方自治聯盟理事，臺灣《新民報》董事等。

　　李金鐘（1904～？），號振南，彰化人，1928 年畢業於早稻田大學政治經濟科，《新民報》臺中、高雄、基隆等地支局長、學藝部長。1935 年到天津《庸報》服務，北京臨時政府統稅局鴉片科長，後到南京任國民政府顧問。

　　李茂松，雲林人，中央大學法科畢業，1954 年 5 月當選嘉義縣長，1955 年 11 月因案停職。

　　李燦然，雲林人，京都大學農學博士，1977 年任水產試驗所長。

　　李志傳（1902～1976），東京音樂學校畢業。

　　李彩娥（1926～？），屏東人，1939 年去石井漠舞蹈體育學校，舞蹈家。1941 年隨石井去越南表演。1942 年回日本參加全國舞蹈比賽。1943 年回臺。1948 年在屏東設舞蹈班授徒，1951 年環島表演。

　　李明道（1888～1962），屏東人，萬丹首富李仲義之侄。1912 年畢業於京都同志社中學。實業家，高雄州協議會員。光復後，任彰化銀行營業顧問，屏東製冰有限公司董事長，屏東市議會議員等。

　　李明家（1894～1971），屏東萬丹人，京都同志社中學畢業，在家鄉開設德昭醫院。光復後，任屏東市衛生院院長，屏東縣衛生院長，自組曼陀鈴樂團。

　　李開榮，屏東萬丹人，富豪、區長、莊長李南之子，李開胡四弟。日本大學中學部畢業，實業家，莊協，莊長。

　　李某某，屏東萬丹人，大地主李開胡長女，東京女子醫專畢業。

　　李鳳美，李開胡次女，東京女子醫專畢業。丈夫林瓊瑤是兩屆高雄市參議員。

　　李啓東，屏東人，大阪高等醫學專校畢業，先後任臺東、宜蘭、屏東醫院院長。

　　李世昌，屏東人，中央大學經濟科畢業，屏東縣議會議員，1960 年當選屏東縣長。

　　李志傳（1902～1976），東京音樂學校畢業，屏東女中校長，北市教育局督學，臺北市交響樂團副團長等。

　　李澤藩（1907～1989），新竹人，1926 年畢業於東京美術學校，新竹公學

教師，新竹師範美術教師，臺灣師範大學、文化大學教師，在地方上努力推廣洋畫創作。

李子賢（1912～？），新竹人，市會議員李良弼長子。1922 年畢業於京都帝國大學法學部。1939 年通過文官高等試驗司法科考試。新竹市律師。光復後，當選新竹市參議會參議員，新竹市律師公會常務理事。

李應臣，號幼榮，新竹人，日本經濟專門學校畢業，1946 年 1 月任臺北縣民政局財政科長，第一稅務稽徵所長。

李金鎮（1907～？），新竹人，大地主、保正、保甲聯合會會長李火生之子。京都的兩洋中學畢業，1928 年回臺灣，1929 年接任父親的新城保正，也兼任新城、寶鬥、雙溪三個保甲聯合會的會長，還經營糖部。1937 年到 1941 年擔任壯丁團團長。1935 年是民選莊協議會員。光復後，選舉為三屆村長。三七五減租時失去土地，不滿。

李白濱，苗栗人，京都帝大經濟科畢業，青年黨黨員，文林中學校長，參選苗栗縣長。

李永基，東邦醫科大學醫學博士，苗栗人，1967 年任家畜衛生試驗所所長。

李爐己，1926 年在東京參加臺灣青年會，任評議員。

李傳旺（1919～？），桃園人，日本大學畢業，中和紡織股份有限公司副理，該公司 1955 年創立。

李合珠（1921～？），桃園人，中央大學經濟學部畢業，「中臺工業株式會社」代表、董事長，東京大飯店董事長等。僑居日本，1977 年起任僑選「立委」兩屆。

李瑞珍，宜蘭人，慶應大學醫學部畢業，宜蘭醫院副院長。

李瑞標（1917～？），近畿大學畢業，早稻田大學研究。獲日本特許大學贈與政經學博士，《臺北民報》、《全民日報》經理，1950 年 9 月 5 日創辦《民眾日報》於基隆。專文論政治經濟。1967 年當選基隆第六屆市議員。1946 年任基隆市新聞記者公會理事長，1989 年發起籌備報業協會，當選首屆副理事長。

李淇，通霄人，京都帝大法學部畢業，1947 年任臺北法商學院分院主任。

李讚生（1892～？），字化育，號育卿，臺北人，生員、保良局分局主理、莊長李聲元長子。1924 年畢業於京都帝國大學經濟科，臺灣總督府官房調查

課勤務，臺北州海山郡守，高雄州勸業課長等。光復後，合成肥料公司常務董事，1946 年 2 月任臺南縣建設局長。

李克承，新竹人，長崎醫科大學畢業，醫師，新竹三信公司理事長，省醫師公會理事長。

李昆玉（1903～？），東港人，1923 年同志社大學肄業，轉到美國求學，獲得碩士學位，在廈門、上海、香港經營實業，在臺北成立商行。

李清標，高雄人，先後進入中央大學、明治大學，參加東京留日學生民族運動。到僞滿洲國工作，戰後任瀋陽臺灣同鄉會會長，1946 年回臺灣。

李樹林，1939 年畢業於駒澤大學國漢科。

李致慧，留學日本學習舞蹈，著名舞蹈家。許常惠夫人。回臺灣後創辦彩雲飛舞坊。

李鎮源（1915～2001），臺南人，1940 年畢業於臺北帝國大學醫學部，杜聰明藥理學教室助手，到日本研究蛇毒，1945 年獲得醫學博士學位。「中研院院士」。1976 年獲得國際毒素學會頒發的最高榮譽「REDI 獎」。臺灣大學醫學院院長，1982 年創立中華藥理學會，1987 年創立中華民國毒理學會。退休後積極參加社會運動，主張臺獨，建國黨首屆主席。「總統府資政」。主編《實驗藥理學・蛇毒》等專著。

杜聰明（1893～1986），淡水人，1915 年到 1921 年留學日本，京都帝大醫學博士，1922 年回臺北任醫學專門學校教授，中央研究所技師，臺北帝大醫學部教授，高雄醫學院院長等。省府委員。著有《藥理學教室論文集》、《中西醫學史略》、《回憶錄》、《杜聰明言論集》等。

杜錫奎（1900～？），彰化人，明治大學法科畢業，富商，1935 年民選市會議員。

杜新春（1904～1943），南投集集人，先後進入東京明治學院、名古屋第八高等學校、京都帝大法學科學習，1928 年通過高等文官司法科考試，1929年畢業後進入東京地方裁判所服務，臺南地方法院嘉義支部判官。1932 年 10月返臺任臺南地方法院嘉義支部合議部判官兼單獨部判官。

（鄭）杜有妹（1917～？），臺東人，日本洋裁學院畢業，臺東縣婦女會理事長，縣議員，1964 年 2 月與 9 位議員角逐議長、副議長，當選臺灣首位女副議長。

麥春福（1924～？），臺北縣人，近畿大學畢業，1954 年當選淡水第一信用合作社理事主席，1955 年起當選淡水鎮民代表會 5 屆主席，臺北縣議員，

省府委員。

阮朝臨，高雄人，帝大法學科畢業，光復後任左營區長。

阮朝堪（1892～？）屏東人，富豪、生員、莊長、莊協阮達夫之侄。1925年留學日本醫科大學，回臺自行開業做醫師，還擔任林邊莊副莊長，公學校保護者會會長，青年會會長，屏東信託株式會社董事，東港信用合作社清算人。

阮碧霞，屏東人，阮朝堪女兒。東京帝國女子醫專畢業。

阮朝吉（1899～1960），屏東人，秀才阮蘭儒之子，先後畢業於東京錦城商業專門學校、日本專修大學經濟科，與親族創辦屏東信託株式會社，任董事長。1923年復去日本專修大學經濟科學習，1929年畢業後返臺，林邊信用組合常務理事，林邊莊協議會員。光復後，任高雄區合會儲蓄股份有限公司董事，林邊鄉鄉民代表主席，鄉調解委員會委員等。

阮朝日（1900～1947），屏東人，阮朝吉弟弟。東京高輪中學、福島高等商業學校畢業，與林耀明、李開山等人合股立屏東信託株式會社，日據臺三大信託之一，《臺灣新民報》販賣部長兼廣告部長、總經理。與施江南組織臺灣海外青年復員委員會，「二二八事變」中未參加任何活動卻遇害。

阮朝英，屏東人，秀才、區長、莊協會阮達天第四子。創辦高雄阮外科醫院。

阮竹雄（1928～？），屏東人，東京郁文館商業學校畢業。

張基雄（1917～？），臺北市人，日本專修大學商科畢業，大有煤礦公司代表人，里長，市參議員。

張星賢，1926年前後在早稻田大學體育科學習。

張簡茂己（1927～？），高雄市人，日本駒澤大學肄業，1946年在東北參加國民黨軍。

張維賢（1905～1977），臺北人，1928年到東京日本新劇運動發源地築地小劇場學習新劇，1930年夏天返臺組織「民烽演劇研究所」。1932年初再度去東京舞蹈學院學習舞蹈。

張友金，臺北人，生員、區長張希袞之子。中央大學中學部畢業，經營實業，廈門臺灣公會議員。

張耀堂（1895～1982），臺北木柵人，清把總、內湖區長、深坑莊長張德明之子。1915年前後在東京高等師範學校學習。取得留日高等官資格。第二師範學校教師，文學家。

張福堂，張耀堂二弟。醫專畢業，醫師，深坑莊長。對地方農會之發展，爭取設置莊治中心，郵局之設立，茶葉之推廣，貢獻良多。

張燦堂，字敬理，張德明三子。東北帝大、特許大學法學博士，木柵民政課長。1960 年 8 月～1967 年 6 站臺北市民政局長。

張國周，臺北市人，東京藥學專門學校畢業，臺灣行政長官公署民政處衛生局課長，省立臺北醫院主任。著有《實用中華藥典》。

張東湖（1921～？），臺北市人，早稻田大學商科畢業，會計師，在臺北開業，稅務代理人。著有《對來中華民國投資之有關法律》等書。

張秋海（1898～？）臺北人，1915 年到 1927 年在東京美術學校油畫科和東京高師圖畫手工科學習，1938 年回北平教書，與顏水龍是同學。

張萬傳，1931 年到東京美術學校學習，參加臺北大稻埕繪畫研究所和造型美術協會。

張天賜（1909～1992），臺北人，1937 年到日本東寶公司學習電影導演專業 8 個月。

張芳燮（1914～？），字雪峰，桃園人，中央大學法學科畢業，旅東北臺同鄉會常務理事，1946 年回臺，省府參議，二任桃園縣長，華南商業銀行董事長，農林廳山地農牧局長，《中華日報》社董事，「中日文化經濟協會」常務理事，國民黨 12 屆中評會中評員。著有《臺灣山地農牧資源開發》、《相互銀行概述》等。

張啓華（1910～1987），高雄人，1929 年進入東京美術學校學習，任三信合作社理事 27 年，壽星戲院經理。組織高雄美術研究會。

張自流（1924～？），高雄旗津人，京都佛教大學畢業。

張雙滿（1925～？），高雄縣人，九州島大學農學博士，農友種苗有限公司總經理，該公司 1968 年創立，資本 10 百萬新臺幣，員工 144 人。

張英南（1926～？），高雄市人，日本神奈工業學校畢業，大榮重工業股份有限公司總經理。

張國雄（？～1950），美濃人，東京帝大醫學部畢業，基隆中學教師，臺北市工作委員會案被殺。

張來發（1931～？），高雄人，日本士官學校速成班畢業，分發到左營海軍造船廠工作，不到半年日本投降，1950 年代作駐臺灣美軍顧問團的翻譯。許多美國軍官問他，爲何你們臺灣人不自己獨立建國？他向親戚朋友訴說臺灣前途問題，1957 年被以陰謀推翻政府判刑 10 年。

張煥三（1910～？），臺中人，東京商科大學畢業，臺灣通運倉貯股份有限公司總經理，該公司 1955 年 12 月創立，董事長辜振甫。

張深鑢（1901～？），臺中人，先後在大成中學校、東京齒科專門學校學習，開辦昭和齒科醫院，臺中州齒科醫生會長，1935 年民選臺中市會議員。光復後，參選首屆臺中市長。二二八事變臺中地區處理委員會委員，被捕，旋出獄。

張煥珪（1902～1980），筆名沐眞，臺中人，1920 年進入明治大學法科學習，與兄張睿哲等創辦中央書局，任社長。1933 年任臺中興業組合組合長。大雅莊協議會員。光復後，臺中市參議員。1946 年創辦《新知識》雜誌。

張風謨（1908～？），臺中豐原人，1929 年畢業於中央大學法科，1930 年在臺中開業律師，自聯評議員，1935 年臺中市民選市會議員。1948 年擔任臺中律師公會理事長。

張深耕（1914～？），臺中縣人，東京物理學校畢業，利澤工業衣車廠股份公司董事長，該公司 1964 成立，資本 100 百萬新臺幣，員工 1200 人，生產縫紉機等。

張龍芳，臺中人，九州島齒科醫學專門學校畢業，臺中縣衛生局長。

張啓仲（1916～？），豐原望族出身，1941 年畢業於日本醫科大學外科，臺中市公共汽車董事長，第二屆市議員，1964 年當選臺中市長，「總統府國策顧問」，空手道協會理事長，「立委」。

張某某，豐原人，張啓仲大哥，日本醫科大學畢業。

張某某，豐原人，張啓仲二哥，牙科大學畢業。

張銀河，富豪、區長、保甲聯合會長張泉源之孫。早稻田大學畢業，信用組合長，莊協。

張銀溪，東京美術學校畢業，信用組合會計。

張信義（1906～？），後里人，張青雲後代。日本大學商科肄業，臺灣文化協會常委、會計部主務，資助《臺灣大眾時報》發行。1951 年任鄉長。

張金髮，臺中人，日本大學畢業，臺中市自來水總工程司，自來水廠長。臺中市、臺中縣建設局長。

張漢裕（1913～？），臺中縣人，東京帝大經濟科畢業，1943～1946 年東京帝大東洋文化所、臺大、淡江大學教授，矢內原忠雄的高足，蔡培火女婿。經營史學會會員，「中國經濟學會副會長」，翻譯《重商主義與英國的財寶》。

張海燦（1930～？），臺中縣人，日本太田中學畢業，味王股份有限公司

業務經理，該公司 1959 年 7 月創立。

　　張雅玲，臺中人，鶴田舞蹈學校畢業，光復初返臺，在臺中市成立舞蹈研究所。

　　張梗，臺南人，早稻田大學政治經濟科畢業。與葉榮鐘、楊肇嘉等關係密切。30 歲病死。

　　張振芳，臺南人，早稻田大學畢業。

　　張瀞元（1919～？），臺南縣人，東京農業大學畢業，大盟皮業公司總經理，該公司 1974 年 4 月創立，資本 35 百萬新臺幣、員工 387 人。

　　張慶璋，或牛祖光，臺南人，大阪音樂學校本科專修音樂，1946 年 1 月任臺南縣新營區署區長。

　　張彩雲（1922～？），臺南市人，東京醫專畢業，金山麗斯廠股份有限公司常務董事，1971 年創立，資本 20 百萬新臺幣，員工 65 人，生產網布。

　　張文環（1909～1978），嘉義人，岡山中學畢業，東洋大學文學部肄業，與王白淵、吳坤煌、曾石火、楊基振、巫永福、蘇維熊、魏上春等人組織藝術研究會。1946 年當選臺中縣參議員，1947 年代理能高區署區長。著有《難忘當年事》等。

　　張進通，嘉義人，1938 年九州島帝大畢業，醫學博士，醫生。許世賢丈夫。

　　張兆庚，嘉義人，日本衛生院醫科畢業，臺北縣衛生局長，嘉義縣衛生院長、衛生局長。

　　張榮宗（1908～1947），朴子富家子弟，日本大學醫學畢業，參加臺灣文化協會，到上海、滿洲經商。光復後，任三青團朴子區隊長、《和平日報》東石分局長。《和平日報》因揭露官僚腐敗而獲罪，二二八事變時糾集青年抗爭，被國軍伏擊死。社會主義者。

　　張文南，嘉義人，東京醫專畢業，醫生。

　　張深切（1904～1965），南投人，1917 年到 1923 年先後進入豐山中學、青山學院中學部學習，經臺去大陸。1927～1930 年做殖民當局監獄，1930 年組織臺灣演劇研究會，1934 年倡導臺文藝聯盟，1937 年北平藝專教授兼訓育主任，1945 年回臺任臺中師範教務主任。二二八事變時隱居中僚山。著有《我與我的思想》、《臺灣革命運動史略》、《獄中記》、《孔子哲學評論》等。

　　張宗仁，花蓮人，醫生、縣議長張七郎之子。1940 年畢業於日本醫科大

學，日本醫院醫生 3 年，1943 去東北行醫。1946 年 10 月回臺，鳳林中學校長。二二八事變時被殺。

張依仁，張七郎次子。留學日本學醫，到東北行醫，鳳林醫院醫生。二二八事變時被殺。

張果仁，張七郎三子，留學日本學醫，到東北行醫。

張福興（1888～1954），苗栗頭份人，富豪張家盛之子。1910 年畢業於東京上野音樂學校，第一位因總督府推薦以官費赴日學習西洋音樂的臺灣留學生。臺北師範、第三女高、師範學院等教師，勝利唱片公司文藝部長。近代首位音樂家。著有《水社化番的杵音與歌謠》等，出版《臺灣日月潭杵音及蕃謠》、《打獵歌》等唱片。

張彩湘（1915～1991），苗栗頭份人，張福興之子。1936 年留學東京武藏野大學鋼琴專業，新竹師範學院、臺灣師範大學教師。1948 年創辦「臺北鋼琴專攻塾」、臺北文化研究所。

張登照，帝國音樂學校畢業。

張驚聲（？～1951），羅東人，大地主家庭出身。東京帝大畢業，娶居正女兒居瀛玖，光復初接任淡江中學校長，後為淡江英專。

張桂章（1920～？），基隆人，1943 年畢業於武藏野高等工業學校機械科，航空株式會社機場整備員。參選基隆參議會議員，候補第二名。光復初，自發去碼頭迎接國軍。

張暮年，基隆人，1922 年前後留學日本學習醫學，回故鄉七堵、八堵開業行醫。

張春盛（1917～？），1936 年留學熊本高等農業學校，農場聯合會會長，臺南縣參議員，第一至第四屆雲林縣議員，第二屆第三屆雲林縣議長。1972 年當選「國代」，代表農民團體。

張豐胤，萬丹人，醫生張山鐘長子。熊本醫科大學畢業。繼承東瀛醫院。

張豐彥，張山鐘次子，熊本第五高等學校畢業，考上東京帝大後病逝。

張某，高樹人，松江高等學校畢業，公務員。

張德水（1920～？），屏東人，第三高等學校文科甲類、東京帝國大學法學部政治科畢業，1943 年在日本入伍當兵，1946 年臺南縣政府行政課長，東石區署區長，嘉義縣政府主任秘書，嘉義市長，「行政院」經合會專員，瑞德礦業公司總經理，國泰塑料公司總經理。退休後從事「臺獨」活動。《激動！

臺灣的歷史》篡改歷史鼓吹「臺獨」。

張有傳，彰化人，1928年進入東京醫專學習。

張其壽，彰化人，京都同志社高等商校畢業，1968年代理彰化縣民政局長。

張飛（1924～？），彰化人，九州島學院畢業，臺灣省農工企業股份有限公司主任秘書。

張水蒼，新竹人，1934年東京帝國大學法律科畢業，高等文官考試司法行政科合格，參加東京留學生民族運動，1936年到1945年歷任總督府交通局書記、副參事、新竹市助役、總督府特產課、物價調整課、商政課等事務官。光復後，臺中縣建設局長，臺北市政府參事，農林廳畜牧科長。

張桂榮，新竹人，生員、保正、莊協、信用組合監事張鼎華之子。早稻田大學畢業。

張炳榮，新竹人，張鼎華次子。早稻田大學畢業。

張玄達，1940年畢業於駒澤大學佛專科。

張繡月，1940年畢業於駒澤大學佛專科。

張傳梧。

張麗旭，在東京從事文學活動。

張德，臺南人，日本大學畢業，臺南縣政府主計室主任。

沈德融（1884～1971），臺北縣人，1908年隨曹洞宗總本山管長石川素童赴日留學，1912年肄業於曹洞宗第一中學林，1917年臺灣佛教中學林成立，任學監、副學監18年，1935年任臺北市日新町曹洞宗布教所主任，後又任月眉山靈泉寺主持。因熟悉日語，成爲臺日佛教交流的橋梁。中國佛教會臺灣省分會理事長。

沈秋桔，臺南人，東京女子醫學專門學校畢業，臺南市衛生局長。

沈乃霖（1909～？），新營地主家庭出身，沈榮之弟。1932年畢業於昭和醫專，在校期間曾讀三民主義。在新營開業行醫。鄙視大陸官僚不懂醫師法、教育制度、土地戶籍管理制度等。二二八事變時被邀請開會，後被捕。

沈佩祿，富商、保正、莊長、區長、莊協沈賜記之子。日本大學醫科畢業，醫生。

辛文炳（1912～1999），1936年畢業於明治大學法科，父親爲外武定區長、名紳辛西淮。1936年任職臺南州農會，經營家族企業，臺南工專校長，臺南

市長，臺南市議員、議長，1972 年當選第一屆增額「立委」，1976 年當選二屆增額「立委」，臺灣省橄欖球協會理事長。

辛文蘭，臺南市，辛文炳弟弟。日本大學工學部畢業。

巫某某，南投人，巫永福大哥，名古屋帝大畢業。

巫永福（1913～？），南投人，名古屋五中、明治大學，文學家。

巫永昌（1905～？），南投人，名古屋帝大醫學科畢業，在臺中開業永昌內科醫院，日據時期民選臺中市議員。皇民奉公會臺中州支部委員。光復後，大公企業公司常務董事，臺灣政治建設協會理事，參加「二二八事件處委會」，被捕入獄。

蘇錦全，號礦仁。臺北市人，1936 年入關西針灸學院，中央國醫館臺灣分館館長，省中醫改進會理事長。著有《東洋針灸學教科書》。

蘇錦隆，臺南東山人，1935 年前後在日本讀中學。

蘇東啓（1921～1992），北港人，富商蘇老居之子。關東中學、中央大學政治畢業，經日駐泰領事館潛回重慶抗日。光復後，任臺灣行政長官公署秘書處交際科次長。二二八事變後辭去公職回雲林參選縣議員，一連四任，不忌強權，號稱「蘇大炮」。參與中國民主黨組黨活動。於縣議會內提案「總統」特赦雷震，被判無期，1975 年特赦出獄，推妻洪月嬌出來競選公職。

蘇海水（1909～？）新店人，早稻田大學講習班畢業，《臺灣日日新報》記者，新店鎮農會理事長，縣參議會議員，第一屆新店鎮民代表會主席，臺北縣農會合作社聯合社理事。

蘇懇息（1917～？）高雄縣人，岩手醫事專科學校畢業，合豐工廠股份有限公司董事長，該公司 1971 年 1 月創辦，資本 6 百萬新臺幣，員工 110 人。

蘇春茂（1918～？），字錫欽。鳳山人，日本醫科大學畢業。省立高雄醫院醫師，簡易保險診療所醫師。在屏東自設醫院。參加獅子會。

蘇倩卿，東山人，東京昭和女子大學國學院畢業，文學博士，丈夫翁通楹。創辦淡江大學日文系。

蘇清江（1907～？），新營人，在日本半工半讀，社會科學研究會，研讀馬克思的《資本論》、政治經濟學等，同許乃昌、賴賢埔等交往密切。

蘇新（1907～1981），大成中學、東京外語大學畢業，參加臺灣文化協會，《民眾時報》編輯。光復後，參與編輯《政經報》、《人民導報》、《中外時報》、《臺灣文化》等報刊。臺共主要創始人，日共黨員，參加二二八事件。著有

《蘇新回憶錄》、《憤怒的臺灣》等。

蘇東芳，臺南，中央大學畢業，1950 年 10 月到 1951 年 10 月任宜蘭縣建設局長。

蘇文章（1917～？）臺南縣人，廣島商校畢業，華王針織股份有限公司董事長，該公司 1968 年創立，資本 20 百萬新臺幣，員工 923 人，毛衣編織業，參加工業公會。

蘇銀和，臺南人，京都醫科大學畢業，到澎湖行醫。

蘇子蘅（1906～？），彰化人，東北帝國大學工學畢業，1941 年回祖國大陸，1945 年到解放區。

蘇清雲（1926～？），基隆人，日本岡山中學畢業，臺灣海運股份有限公司董事長。該公司 1958 年 7 月創立，資本 30 百萬新臺幣，員工 68 人。

蘇振傑，新竹人，日本大學畢業，1966 年任山地農牧局長。

蘇坤波（1915～？），新竹人，昭和醫專畢業，東北帝大學醫學博士，新臺豐紡織股份有限公司董事長，天一染料公司常務董事，1962 年創立的濟生化學製藥廠董事長，參加中華民國醫學會、醫師公會、工醫學會、醫師公會、工商協進會、中小企業協會等組織。喜歡日本歷史、古文和歌曲。

蘇振輝（1907～1997），臺中縣後里人，1930 年去日本留學，九州島帝大醫學博士，彰化市參議員，彰化市第四信用合作社的創辦人，任理事會主席，第七、八屆省醫師公會理事長。二二八事變時曾負責「事件處理委員會」外部事務。

蘇維梁（1895～1967），新竹人，青山學院、中央大學法科畢業，在東京參加新民會、臺灣文化協會等。中藥商，1935 年當選民選新竹市會議員。光復後，市參議員，省參議員。「二二八事件處理委員會」常委。

蘇維熊，留學東京，1932 年在東京與吳坤煌、張文環等創辦臺灣藝術研究會。

蘇紹文（1903～1996），字天行，新竹人，1927 年到日本留學，進入陸軍士官學校炮科、日本陸軍炮工學校學習，1933 年返回大陸任國民黨軍隊軍官。光復初任臺灣省警備總司令部處長。1947 年當選「國大代表」。後任省府委員等職。

蘇東芳，雲林人，早稻田大學政治科畢業，1947 年 8 月任臺北縣羅東區署區長，後任宜蘭縣建設局長等職。

蘇興霸（1922～？），彰化縣人，東京高等工科畢業，和泰汽車股份有限

公司常務董事。該公司 1947 年創立，資本 150 百萬新臺幣，員工 512 人。

蘇貴興，臺北人，1936 年畢業於日本高等獸醫學校，1936 年 5 月，與鍾謙順等一起去偽滿洲國工作。

蘇耀邦，宜蘭人，農林學校校長。

蘇乃燦，臺南人，中央大學法學部畢業，1946 年在東北參加國民黨軍隊。

吳笑，臺灣最早的女留日學生。

吳遜龍，1928 年前後在日本法政大學學習，參加東京留學生民族民主運動。

吳清鎰（溢），日本神學校畢業，基督教長老教會牧師，臺灣神學院教師。參加 1929 年新人運動。

吳天命，明治學院神學部畢業，臺灣神學院教師。

吳永華，日本神學校畢業，臺灣神學院教師。

吳鴻裕，板橋人，早稻田大學政治科第一名畢業，林柏壽女婿。

吳物典，臺北市人，日本醫科大學畢業，醫學博士。臺灣大學教授。

吳榮宗（1923～？），臺北市人，盛岡工業專門學校電機工程科畢業，臺灣師範大學教師，著有《工業科目測驗之編制與改善》等。

吳泰嶽（1910～？），臺北市，成淵中學畢業，日據時期，文官考試合格，臺灣總督府屬官，日本勸業銀行書記。著有《泉漳音字典》等。

吳永榮，臺北人，保甲局區長、總督府評議會員、臺北製糖公司監事吳昌才之子。日本大學政治科畢業，鴉片、煙草代售、批發，實業家。

吳金鏈（1913～1947），臺北市人，1943 年畢業於東京青山學院文學部，《新民報》臺南支局長、蘭陽支局長、《興南新聞》政治部次長兼論說委員。光復後，任《新生報》日文版總編輯，該版人員都是《臺灣新報》留用的，中文版則新的多，薪水高於日文版一倍。日文版批評多，1946 年 10 月 25 日被廢。二二八事變時報導真相，被殺。

吳成家，臺北人，日本大學藝術科畢業，學成後為勝利唱片公司與寶麗唱片公司作曲，並為勝利、帝蓄、哥倫比亞三家唱片公司唱歌灌唱片，其作曲啟蒙老師是張福興。臺灣總督府授權他做了一次臺灣民謠的採譜與整理工作。光復後，他組織了一個音樂公會，集合了許多西洋樂器演奏者，在辜振甫所提供的場地演練，並在中山堂演奏。任臺灣省警備司令部交響樂團少校總指揮。

吳植鑒，臺北人，日本醫科大學醫科畢業，1945 年在宜蘭醫院任醫官補。

　　吳春霖（1901～？），慶應大學畢業，省合作社理事，市合作社理事長，1946 年 4 月第一屆市參會參議員。

　　吳場，臺中大肚人，1927 年畢業於東京帝大，醫學博士，在東京帝國大學研究藥物。

　　吳晉淮，13 歲即去日本，就讀中學、日本歌謠學院，其作品有《暗淡的月》、《關仔嶺之戀》、《寶島新娘》等歌曲。

　　吳鴻麒（1899～1947），桃園中壢人，生員吳榮棣次子。1928 年畢業於日本大學法科，1930 年文官考試司法科合格，臺北市開業律師。光復後，任臺北地方法院推事，臺北律師會副會長。二二八事變時被殺。

　　吳鴻麟（1899～1995），桃園中壢人，吳鴻麒兄弟，九州島大學醫學博士，醫生。桃園縣第二屆縣議會議長，第四屆桃園縣長，新竹區中小企業銀行董事長，新國民綜合醫院院長。

　　吳鴻煎，桃園中壢人，吳榮棣第八子，日本醫專畢業，醫生。

　　吳泰德（1926～？），臺北縣人，日本松江農林學院，1946 年參加國民黨軍隊。

　　吳基生（1916～？），高雄人，日本厚生研究所醫學科畢業，省府衛生處統計室主任，高雄醫院院長，旗山醫院院長。著有《生物統計學》。

　　吳基福（1916～1985），高雄旗山人，1946 年取得日本醫科大學博士學位，高雄縣立旗山醫院院長，1950 年創辦全鎮醫療保險制度，開臺灣健康保險之先河。1953 年施行首例眼角膜移植手術成功。高雄市醫師公會理事長。1969 年當選「立委」，1971 年創辦《臺灣時報》，1973 年創辦中華民國防癌協會，1978 年出任亞洲大洋洲醫師會聯盟理事會第十一屆大會會長，1979 年擔任中華民國醫師公會全國聯合會首任理事長。著有《吳基福回憶錄》。

　　吳聲潤（1924～？），六龜地主家庭出身，1939 年去東京芝埔高等工業學校學習，1946 年回臺，松山第六機廠技術員，1951 年 1 月因臺共案被捕入獄。留日時受社會主義影響。

　　吳場（1900～？），臺中大甲人，1927 年畢業於東京帝大，醫學博士，臺灣第二個醫學博士。東京帝國大學藥物學教師，著有《維生素的醫學變化及其製法》等。

　　吳墩禮（1905～1986），臺中大甲人，富商家庭出身，1933 年畢業於東京帝大政治經濟科，回大陸任職於中華民國外交部，1946 年回臺經營大甲帽席公司。

吳金川（1905～？），臺南人，士紳吳鏡秋之子。1932 年畢業於東京商大，商學碩士，1933 年入僞滿洲國中央銀行任職。日本投降後，被東北行營經濟委員會主委張嘉璈任命爲東北經濟研究所副所長。1948 年回臺灣，省合庫業務經理，彰化商業銀行總經理、董事長等。財團法人中華聯合徵信中心董事長。林茂生的學生，楊肇嘉長女婿。

吳德耀（1919～？），臺中縣人，東京物理學校（夜間部）畢業，1946 年在東北參加國民黨軍隊。

吳天賞（1909～1947），臺中市富家出身，1930 年進入青山學院英文系學習，1939 年回臺。教師，《興南新聞》記者，《臺灣新生報》臺中分社主任，基督徒，二二八事件後被通緝，嚇死。

吳振武（1918～？），先後進入東京高師體育科、海軍館山炮術學校學習，畢業後任東京女子學院教師，加入日本海軍，少尉，駐防海南島，升任海軍大尉，臺灣人在日海軍中最高的官階。

吳振南，屏東人，1927 年到 1948 年在日本留學，醫學博士，畢業後在橫濱開業行醫。胸腔科專家。1950 年參加臺灣民主獨立黨，任副主席，1963 年分裂另組臺灣獨立評議會，任議長，1966 年 11 月回臺。

吳新榮（1907.10～1967），號史民，臺南人，1928 年開始先後進入崗山金川中學、東京醫學專門學校，經營佳里醫院，佳里街協議會員。發表作品，成爲「鹽分地帶」文學活動的靈魂人物。先後任臺灣文藝聯盟執行委員、《臺灣新文學》編輯委員、臺灣文藝家協會隨筆部員等。參加臺灣議會設置運動。光復後，任三青團臺南分團北門區隊聯合辦事處主任，臺南縣參議員。著有《震瀛回憶錄》、《震瀛追思錄》、《震瀛隨想錄》等。

吳三連（1899～1989），字江雨，臺南人，1925 年畢業於東京商科大學，臺南紡織股份有限公司董事長，《新民報》東京分社社長，1947 年最高票當選「國大代表」，1950 年任臺北市長，省議會議員。省議會「五龍一鳳」之一。《自立晚報》發行人。吳三連口述、吳豐山撰記《吳三連回憶錄》，自立晚報社 1991 年出版。

吳逸民（1929～），東京芝中學畢業。

吳得民（1933～），東京小學畢業。

吳凱民（1936～），東京小學畢業。

吳春霖，嘉義人，慶應大學畢業，臺灣文化協會嘉義支部成員。

　　吳景箕（1902～1937），雲林人，秀才、保長、斗六區長、廳參事吳克明長子。吳克明於 1908 年與王雪農等合資創斗六製糖株式會社，開墾土地，開發水利。東京帝國大學畢業，愛好詩文。

　　吳景徽（1904～1978），吳克明次子，京都帝國大學畢業，醫學博士。醫生。在日本神戶病院任外科醫局長等。光復後，回斗六開設友於堂醫院，任斗六鎮長 5 年。第一、二任民選雲林縣長。因土庫大橋偷工減料案離開仕途。

　　吳景謨，吳克明三子，名古屋帝國大學醫學博士，醫生。

　　吳某，嘉義人，留學日本學醫，高雄醫院外科主任。

　　吳坤煌（1909～1989），南投人，1929 年去日本，先後進入日本大學、明治大學文科學習，《臺灣文藝》東京支部負責人，1931 年參加左翼組織「東京臺灣人文化同好會」等。1937 年畢業後，到大陸教書、經商，1945 年回臺。詩人、戲劇家。

　　吳蘅秋（1900～1955），彰化礦溪鄉，伯父吳德功是貢生、彰化廳參事。1923 年畢業於早稻田大學政治經濟科，與黃朝琴等是同學。臺灣文化協會成員。代售石油，彰化街協議會會員，1935 年官選市會議員，信用組合理事。光復後，首任彰化市議會議長。著有《蘅廬詩稿》。

　　吳滄洲，彰化人，參加彰化新劇社。

　　吳恭（1901～？），號壽卿，彰化人，1927 年畢業於慶應大學經濟學部，開業會計師。1935 年民選彰化市會議員，皇民奉公會臺中州支會奉公委員，臺中州保甲協會評議員。光復後，任彰化商業學校校長。

　　吳松炎，彰化人，日本國民中學校畢業，1973 年 5 月到 10 月代任彰化縣府合作室主任。

　　吳望熊（1914～？），彰化縣人，中央大學畢業，彰化射擊、紅十字委員會委員。

　　（吳）陳欣（1916～？），彰化縣人，神戶女子學校畢業，七星公司董事長，該公司資本 25 百萬新臺幣，員工 65 人，罐頭業，1962 年 6 月創辦。

　　吳石山，臺東人，其兄吳金玉是 1950 年第一屆縣議長，縣長，臺北市教育局長。本人爲臺北第一師範學校上席教諭。

　　吳金鑾，苗栗人，九州島帝大醫學博士，1946 年 2 月任錫口療養院長。

　　吳左金（1901～1994），苗栗苑里人，1930 年畢業於明治大學法學科，1932 年考入僞滿洲國外交部任職，1939 年諾門坎事件之後，參加日本關東軍對蘇

談判，負責文書工作。1943 年被僞滿洲國派任汪精衛僞政權轄區內濟南總領事至日本投降。戰後以漢奸罪入獄 297 天，1947 年回臺，不再擔任公職。

吳池，宜蘭人，橫濱大學法律科畢業。1947 年 1 月到 1948 年 12 月派任壯圍鄉長。1950 年到 1961 年任宜蘭縣府地政科長。

吳璋（1914～？），宜蘭縣人，福岡高中畢業，同榮實業股份有限公司董事長，該公司 1954 年 9 月創辦，資本 46 百萬新臺幣，員工 140 人，水產製品業。參加羅東國際獅子會。

吳泗輝（1909～？），基隆人，昭和醫專畢業，臺中開業醫生。

吳水圳（1925.12～），新竹人，日本無線電學校畢業，新光公司生產部經理，該公司 1951 年 1 月創辦，生產布料。

吳思漢，本名調和，京都帝大畢業，1947 年 7 月加入中共，1949 年春任臺北市工作委員會，年底被殺。

吳俊明，字有輝，新竹人，日本大學畢業，國民黨中央警官學校畢業，1948 年 12 月到 1950 年 7 月任彰化市警察局長。

吳竹幸（1918・2～？），新竹人，東京鐵道專科機械科畢業，和泰汽車股份有限公司協理。

吳主惠（1907～？），雲林土庫人，早稻田大學畢業，早稻田大學等學校教授。1966 年聘爲臺大教授。著有《三民主義的理論與解說》、《華語文法研究》等。

吳國信（1911～？），字忠信，臺南人，成城學院高等軍政科、法政大學畢業，在大陸參加國民黨軍隊。光復後回臺灣，任職於國民黨臺灣省黨部，奉命組織中華海員工會臺灣分會，國民黨臺灣省鐵路鐵路特別黨部委員兼書記長，中華海員工會臺灣分會理事長，「國大代表」。

吳瑞諸，1933 年畢業於駒澤大學東洋學科。

吳志誠，1943 年畢業於駒澤大學佛學專科。

吳振聲，1943 年駒澤大學佛學專科肄業。

吳文中（1905～？），臺南人，中央大學專門部，1929 年文官考試司法科合格。

吳天華，東京美術學校畢業。

何海影（1905～？）臺中人，1929 年畢業於明治大學經濟科，進入彰化銀行臺中本店擔任書記，一年後辭職南下開設南雄運輸株式會社，又承接經營潮恒自動車會社。南雄運輸株式會社社長。

何春喜，1915 年前後在東京高等師範學校學習，住東京臺灣留學生住所高砂僚。

何非光（1913～1997），本名何德旺，臺中市人，1925 年去日本留學，東京大成中學、日本大學畢業，參加東京活畫有聲映畫製作所，學習拍電影。1930 年參加臺中人張深切倡導的「臺灣演劇研究會」。上海聯華影業公司演員，演出多部作品，在上海病逝。

何瑞麟，1928 年前後留學東京醫專，參加東京留學生民族運動。左派。

何火炎，1927 年前後在早稻田大學高等學院學習，參加東京留學生民主民族運動。

何既明（1923～），臺北市大糧商之子。東京醫科大學，外科醫生。李登輝好友。南海基金會董事長。主張「臺獨」。

何基明（1916～1994），臺中人，日本寫眞學校編導科畢業，1937 年應臺灣總督府之邀請，返臺從事映畫賑災工作。乃以賑災經費設立臺中州學校映畫聯盟，從事電化教育。後又組織臺中州映畫協會，負責臺中地區的社會教育。1942 年在臺中後車站天外天戲院對面設立「臺中州映畫奉公會」，除放映外，有時拍攝教材片、新聞片。光復後，拍攝工商紀錄片，拍攝《薛平貴與王寶釧》等閩南語電影。1956 年成立華興電影製片廠。臺灣電影先驅。

何赤城（1903～？），臺中人，父親何寶琦曾爲臺灣土地臨時調查局通譯。日本大學法學部畢業，臺中地方法院通譯，臺中興業信組合專務理事。光復後，加入三青團，臺中市參議員，臺中市第一信用合作社理事主席，省信用合作社聯誼會理事。

何火城，何寶琦次子，昭和醫專畢業。

何是耕（1919～？），臺中縣人，日本大學法文學部文學科畢業，東南旅行社股份有限公司副董事長。該公司 1961 年 3 月創立，資本 39 百萬新臺幣，員工 620 人。扶輪社員。

何金生（1912～？），頂橋人，早稻田第一高等學院文科畢業，僞滿洲國瀋陽中學教師。戰後任瀋陽臺灣同鄉會總幹事協助臺人返鄉，1946 年回臺。主管臺中縣黨務，在臺中和蔡鴻文、李卿雲同時當選二屆省議員，臺北市政府民政局長，選上第二屆、第四屆臺中縣長。

何永（1899～？），臺南市望族出身，日本巢鴨高中畢業，1950 創辦永豐原造紙股份有限公司，永森企業股份有限公司董事長。該公司 1965 年 6 月創立，資本 95 百萬新臺幣，員工 186 人，紅十字會臺中分會會員。

何德來（1904～1986），苗栗縣人，因家貧於 5 歲時過繼給新竹地主何宅五為養子。1932 年畢業於東京美術學校西畫科，繪畫，參與赤陽洋畫會、七星畫會、赤島畫會等，主持新竹美術研究會。娶日本女子木邑秀子，有日本居留權。著有自傳性畫作《五十五首歌》。

何禮棟（1901～1984），竹東人，中醫師何義相之子，京都帝大醫學部畢業，創立竹東醫院，竹東信用組合理事，竹東街協議會員，竹東奉公壯丁團幹事。投資臺灣耐煉瓦株式會社、竹東茶葉株式會社。光復後，任新竹縣接管委員，1954 年當選二屆省議員。高雄醫學院董事及教務長，獻身醫學教育。

何元基（1926～），1947 年日本東北藥科大學畢業，臺灣第一製藥股份有限公司企劃經理。

阿仙，花蓮人，1925 年前後在日本留學，進入平安中學、法政大學學習。能高團棒球隊隊員。

羅萬俥（1898～1963），號半仙，埔里人，父親羅金水是大商人大地主、保正。1916 年到 1922 年在東京明治大學法律科、高等研究科學習。去美國賓夕法尼亞大學學國際政治學，1928 年 2 月獲碩士學位回臺灣。任《臺灣民報》常務董兼總經理 12 年，1944 年全臺六家報社合為一，任副社長。光復後，臺灣人壽保險公司董事，彰化銀行董事長，臺灣銀行董事，臺灣水泥公司董事。1946 年 4 月當選臺中縣參議會議長，國民參政員，1948 年當選「立委」。與林呈祿、蔡式谷、蔡培火、黃朝琴、吳三連等關係密切。

羅萬成，帝國音樂學校畢業。

羅沙威，花蓮人，1936 年前後留學日本，入平安中學、法政大學。能高團棒球隊員。

羅道厚，花蓮人，在平安中學、法政大學學習。1936 年加入法政大學棒球隊。能高團棒球隊。

羅坤春（1924～2002），銅鑼人，1940 年到 1945 年在東京城西中學工讀。工人，二二八事變時在苗栗組織 200 多人的銅鑼治安隊，隊長為劉闊才。中共黨員。

羅燦，東港人，九州島大學醫學部畢業，開辦和春診所。張豐緒四姐夫。

周福全，臺北人，臺北市著名牧師周耀彩之子。1895 年 12 月到 1897 年在明治大學普通科學習，

周再賜（1888～1969），屏東人，臺北牧師周步霞第三子。1905 年到 1915

年間在同志社中學、同志社大學神學部學習，1921 年獲芝加哥大學神學博士，同志社大學神學科助教，兼任同志社中學、同志社女子專門學校教師。日本前橋共愛高等女學校校長。1953 年放棄中國籍，翌年取得日本國籍。著有《宗教心理學中的潛在意識》。

周延壽（1900～？），臺北市人，1933 年畢業於京都帝大法學部，高等文官考試司法科合格。執業律師。臺灣商工學校、開南商業學校、開南工業學校校長。1946 年當選臺北市議會議員，後當選議長，參加二二八事變。

周啓章，臺北人，參事、富商之子。在東京遊學。汽車株式會社社長。

周百鍊（1909～1991），臺北萬華人，先後就讀於長崎醫科大學、九州島大學，醫學博士。在臺北設立內科醫院。光復時發起臺灣醫師公會，自認理事長。1946 年加入國民黨。1961 年代理臺北市長，1964 年代表國民黨與高玉樹競選臺北市長，臺北市議員，省府委員，1969 年當選國民黨監察委員，「監察院副院長」，國民黨中央評議委員等。

周英才，武藏高等工業學校畢業。臺北市汪明燦的女婿。

周金土（1915～？），號劍魂，臺北人，周廷部長房七世孫。在東京留學。光復後，任高雄市政府工商課長、機要秘書等，旋棄官經營建材、營造、戲院等業。

周得福（1925～？），臺北市人，日本電機學校畢業，市議員，里長，市防護團副大隊長。

周神祐，桃園人，東京帝大機械系畢業，鍾謙順外甥。

周石（1919～？），高雄苓雅人，1939 年畢業於神戶高等商業學校預科，在廣州日本鐘紡公司任會計，1946 年回臺，任左營煉油廠接收委員。任工人代表，日軍留下的部分槍械沒繳還。二二八事變時，廠警衛隊百餘人，手中有槍械。

周市郎（1924～），高雄市人，日本大倉專校畢業，高雄市振吉電化股份有限公司經理。

周維新，高雄市人，慶應大學畢業，1963 年 6 月任高雄縣衛生局長。

周汝川（1917～？），臺中人，齒科大學畢業，1960 年創辦中山牙醫專科學校，後改為醫學院。

周業山，臺南市人，京都兩洋中學畢業，市政府事務股長、安南區民政課長。

周詩傑（1924～），臺南縣人，東京工學院化工科畢業，東記造紙股份有限公司廠長，該公司 1967 年 4 月創立，資本 120 百萬新臺幣，員工 330 人。

周金波（1920～1947），基隆人，楊阿壽之子。1932 年到 1941 年在日本留學，先後進入中學、日本大學學習。里長，醫生。1940 年加入「文藝臺灣」的有周金波、郭水潭、邱淳洸、邱永漢、黃得時、張文環、林熊生、水蔭萍、楊雲萍、龍瑛宗等人。參加 1943 年 8 月 25 日的大東亞文學者大會的臺灣代表有周金波、齊藤勇、長崎浩、楊雲萍等。二二八事變中被殺。著有皇民作品《志願兵》、《水癌》等。

周碧（1882～？），基隆人，顏東年女婿。早稻田大學校外生。經商。

周維金，新竹人，明治大學畢業。

周遜寬，武藏野音樂學校畢業，參加戰後初期臺灣文化協進會主辦的音樂會。鋼琴家。

周耀星（1903～？），臺中清水人，1928 年畢業於東京商科大學法科。1927 年文官高等試驗考試司法科及格，日本鐵道省調查、出納、購買、用品課長，仙臺鐵道局監督部長。光復後，任臺北市公用事業管理處處長。

陳鈴生，1927 年留學東京，東京社會科學部成員。

陳培，1915 年前後留學東京，住高砂僚。

陳毓卿，陳培弟弟。

陳春，1897 年教會資助下去日本留學。

陳某某，同志社大學畢業，1930 年任淡水中學主任。

陳溪圳（1895～1990），1916 年去日本留學，同志社大學神學部、東京神學校畢業，宜蘭教會傳道士、雙連教會牧師。1940 年被選為北部基督長老教會大會議長，1944 年，日本基督教團臺灣教區、日本聖公會臺灣傳道區、臺灣基督教長老會合組成日本基督教臺灣教區，任傳道局長。淡水工商專校創辦人之一。1978 年呼籲取消教會「人權宣言」，但遭到否決。

陳培炳（1896～？），李春生親友，1896 年隨李春生去日本讀小學、中學。

陳紹禎，臺北人，東京帝國大學畢業，醫學博士。日本赤十字社臺灣支部醫院醫員，後自設醫院。

陳其昌（1905～1999），臺北汐止人，1929 年畢業於日本大學政治科，臺灣民眾黨中央幹部組織部長兼政治部長。1931 年到廈門經商。

陳招治（1906～？），臺北市人，上野音樂學校師範科畢業，臺北第三高

等女學校教諭、大日本婦女會臺灣分會副會長。光復後，歷任臺北市立女子中學校長、臺灣大學護校教務主任等。臺灣省婦女會理事。丈夫黃朝生在二二八事件中遇難。

陳泗治（1911～1992），臺北市人，1934年畢業於東京學院大學。參加旅日音樂學生組成的「鄉土訪問音樂團」，巡迴臺北、新竹、臺中、彰化、嘉義、臺南、高雄等7個城市公演。1946年畢業回臺。臺灣神學院講師，士林長老會牧師，私立純德女子中學、私立淡江中學校長。聖歌隊、合唱團指揮。1946年光復週年時寫了「臺灣光復節歌」，歡呼光復。晚年傾向於「臺獨」。

陳紹馨（1906～1966），臺北汐止人，父親陳定國是街長、商工銀行監察。日本大學預科、東北帝國大學法文學部畢業，臺北帝國大學土俗人種研究室囑託，日本社會學會評議員，臺大教授，省文化協進會理事兼研究組主任，創刊《臺灣文化》，臺北縣志編纂委員。1957年獲日本關西大學文學博士。著有《臺灣之城市與工業》等。

陳永福，臺北市人，日本久留米醫科大學畢業，醫學博士。日本公立病院醫師。著有《日本醫學領域內之大蒜研究概觀》等。

陳能通（1899～1947），臺北汐止人，出身基督世家。1920年到1940年在日本留學，先後在熊本第五高等學校、京都帝大理學部、東京神學校學習，物理學博士。臺南長榮中學教師，臺北神學校校長，淡水中學教師，1946年5月任淡水中學校長。二二八事變中爲學生收屍，在校園內被捕，與黃阿統、盧園一起被殺。

陳德旺（1910～1984），臺北市人，1930年到1940年留學川端繪畫學校與本鄉繪畫研究所。參加臺北大稻埕繪畫研究所。教師。

陳麗澤，臺北市人，長崎醫科大學畢業，醫學博士。醫生。

陳寶川（1917～？），臺北市人，1935年去日本，先後就讀東北法政大學法學部、京都大學大學院，考取總督府公費留學。土木工程師、省立法商學院及臺大副教授，彰化商業銀行經理，省工業會理事，臺北區合會儲蓄公司董事兼總經理，1969年增補「國代」，臺灣區中小企業銀行董事長。著有《民主道德與輿論》、《公設辯護人制度》等。

陳友諒（1917～？），萬華人，京都帝大英文科畢業，臺大英文教授，開南商工學校校長。

陳有輝（1903～？），臺北市人，日本大學畢業，1930年日本文官高等考

試司法科合格。

　　陳邦繡，臺北市人，艋甲鹽務支館經理、參事陳洛之子。東京海城中學畢業。富豪。

　　陳北海，臺北人，祖父陳能記，父親陳復禮為煤礦公司董事長、市會議員、保良局長、松山區長、牧師、松社創社社員。日本大學法學部畢業，《臺灣新民報》社員。

　　陳啓南，臺北人，陳復禮次子，留日時病死。

　　陳拱北，臺北人，陳復禮之子。慶應醫大醫學博士。

　　陳來，臺北人，陳復禮義子，供養留日，回臺後成金融界名人。

　　陳約翰，臺北人，祖父陳能記。京都同志社大學畢業，信用組合理事，汽車代表人。

　　陳炯霖，臺北人，東京大學醫學博士，臺灣大學教授，1963 年任婦幼衛生研究所長。

　　陳儷水，號康平，臺北市人，長崎醫科大學畢業，醫學博士，日據時期，任職於華中鐵道公司副參事、上海鐵道病院。著有《民族衛生與性病》等。

　　陳清忠（1895～1960），臺北縣人，1912 年到 1920 年留學日本，同志社大學畢業，基督教家庭出身。教會遴選留學。1921 年回淡水中學任英文教師，組織了臺灣第一支合唱團「淡水中學合唱團」。光復後，任私立純德女中校長。極力推廣橄欖球運動，號稱「橄欖球之父」。

　　陳秋金，日本獸醫專門學校畢業，1946 年在美國人開的汽車公司做職員。

　　陳清汾（1910～1987），字文忠。臺北大稻埕人，父親陳天來為大稻埕大茶商。關西美術院、東京美術學校畢業。1931 年自巴黎回臺經營家族企業。省府委員，省茶葉公會理事長，臺北市體育協會理事長。娶日本貴族田中花子，兒子陳守山。與楊三郎等創臺陽協會美術展，圖畫《悲哀的村莊》選入巴黎畫展。

　　陳守實，臺北大稻埕，陳天來之孫。陳清波之子。在日本皇家學習院學習，與明仁天皇同學。辜濂松妹婿。陳守山堂兄弟。

　　陳重光（1913～？），臺北市人，成城中學畢業，到大陸經商，戰後回臺做官、經商，協榮航業公司董事長、臺北市議員、省議員 10 多年。促成李登輝與民進黨主席黃信介的會談，參與 1990 年的「國是」會議籌備。著有《議會八年》。

陳重文，臺北士林人，日本大學齒科部、大阪醫大畢業，醫學博士。開業醫生。

陳芳燦（1921～），臺北市人，京都大學工學院畢業，義芳化學公司董事長，該公司 1950 年 2 月創辦，資本 103 百萬新臺幣，員工 150 人。大洋塑料工業股份有限公司總經理，該公司 1965 年 4 月創辦，資本 418 百萬新臺幣，員工 800 人。

陳永富（1922.3～），臺北市人，京都大學畢業，太平產物保險股份有限公司火險部經理，該公司 1929 年 1 月創立。

陳植棋（1906～1931），臺北汐止人，1925 年到東京美術學校西洋畫科學習。與倪蔣懷、陳澄波、陳英聲、陳承藩、藍蔭鼎、陳銀用組成七星畫壇和赤島社。

陳茂遠，臺北人，早稻田工業學校肄業，1946 年 8 月任警務處警察修械所主任。

陳茂榜（1914～1991），臺北縣人，東京電氣學校畢業，聲寶電器股份有限公司董事長，創立大小企業 20 多家。《臺灣時報》發行人。革命實踐研究院臺灣問題研究會第一期畢業。臺北市議員，省議員，中華民國電工器材公會理事長。著有《經營漫談》等。

陳舜臣（1924～），臺北新莊人，大阪外語校印度語部畢業，1990 年代初安排司馬遼太郎與李登輝見面。著有《方壺園》、《鴉片戰爭》等。

陳春德（1915～1947），臺北市人，1935 年到美術學校工藝圖案科留學，1938 年與洪瑞麟等組織 MOUVE 洋畫團體，主張活潑自由的創作展出。創作油畫、水彩、玻璃畫、插畫、書籍裝幀，尤其擅長隨筆寫作。

陳文祥（1923～），臺北市人，早稻田大學專門部建築科畢業，臺灣大學工學院高等考試土木工程科及格，任職於臺灣大學、省水利局，對臺灣水利工程貢獻很大，受到蔣介石、蔣經國父子獎慰。

陳增福，潁川增福，臺北萬華人，1923 年律師考試及格，在臺北市開業。

陳嵐峰（1897～1969），宜蘭人，1926 年畢業於日本士官學校第 17 期，黃埔軍校教官，北伐軍東路軍總指揮部參謀，中央軍官學校大隊長，參加第五次圍剿紅軍軍事行動。抗戰期間任參謀長、師長等。1948 年省議會推選為「監察委員」。閩臺行署委員，「國防委員會」召集人。

陳長壽，桃園人，東京工業大學畢業，1964 年 4 月當選桃園縣長。

　　陳維謙（1922～），桃園縣人，早稻田大學商科畢業，臺榮產業股份有限公司董事長。該公司1969年3月創辦，資本335百萬新臺幣，員工254人。

　　陳茂源（1903～？），大溪人，1928年畢業於東京帝國大學法科，文官高等試驗考試司法科及格。1929年任東京地方裁判所司法官試補。光復後，任臺灣大學法學院教授。

　　陳文彰（1925～），桃園人，興亞大學畢業，桃園麵粉工業股份有限公司董事長，該公司1956年7月創辦，資本20百萬新臺幣，員工40人。獅子會桃園分會會長。

　　陳紹英（1925～），竹南人，1940年畢業於東京中野中學，受河上肇等馬列主義書籍影響。鄉農會幹事，因政治入獄13年。

　　陳啓貞（1883～1945），高雄人，南部首富陳中和長子。1900年到慶應義塾中學部讀書，回臺灣任烏樹林製鹽株式會社監察人、社長。參事，街協，州會議員。1928年入選臺灣總督府評議會。獲總督府頒發的臺灣紳士章。

　　陳啓亨（1883～？），高雄人，1900年到慶應義塾普通科留學。

　　陳啓瀛（1884～？），高雄人，1900年去慶應義塾普通科學習。

　　陳啓南（1887～？），高雄陳中和第三子。1900年去慶應義塾普通科學習。任職於家族企業南興碾米廠、新興製糖株式會社等。

　　陳有禮（1883～？），高雄人，1900年進入慶應義塾普通科。

　　陳瑞泰（1885～？），高雄人，1900年進入慶應義塾普通科。

　　陳清源（1886～？），高雄人，1900年進入慶應義塾普通科。

　　陳龍門（1884～？），高雄人，1900年進入慶應義塾普通科。

　　陳啓峰（1892～1984），高雄人，陳中和第四子。慶應大學商科畢業，任職於新興製糖株式會社、烏樹林製鹽株式會社、陳中和物產株式會社、華南銀行。高雄州協議員，市財務委員。

　　陳啓清（1893～1989），陳中和五子。1925年畢業於明治大學政治系，1935年官選市會議員。皇民奉公會中委。光復後，高市首屆參議員，「制憲國大代表」，高雄市議員，省府委員，臺泥副董事長，中國信託常務董事，商業總會理事長，工商協進會常務理事，第一銀行董事長，中美經濟合作策進會常務監察人，可口可樂公司董事長，高雄中學校長。丘念臺好友。辜振甫副手。張豐緒岳父。

　　陳啓川（1899～1993），陳中和六子。1920年畢業於慶應義塾大學經濟科，家族企業任職。四家銀行董事。《興南新聞》、《高雄新報》董事。1931

年到 1935 年任高雄市協議會議員。蔣介石點將參加 1960 年和 1968 年的高雄市長選舉，均當選。國民黨中央評議委員會委員，省府顧問。《臺灣新生報》董事。「光復大陸設計委員會副主委」。

陳啓琛（1901～？），陳中和第七子。從慶應幼兒園一直讀到大學，三菱東京本社社員。

陳啓安，陳中和第九子，慶應大學、法政大學政經科畢業。新興製糖株式會社經理，興南董事長，苓雅區副區長。

陳啓輝，陳中和第十子。慶應大學畢業。

陳啓裕（1889～？），陳中和族人，1904 年去日本留學，早稻田小學校尋常科畢業。

陳啓山（1888～？），陳中和侄子，1905 年去日本留學，橫濱第四小學畢業。

陳田錨（1929～），高雄市陳啓清之子。近畿大學商經學部經營科畢業，高雄市議會議員、議長。1992 年創立大眾銀行。兒子建平是「立委」。

陳天道（1903～？），高雄市人，法政大學畢業，地主，官吏，1935 年民選高雄市會議員。

陳江山（1899～1976），屏東東港人，東京醫學專門學校畢業，牙科醫生。1942 年日本殖民者製造「東港事件」，被捕入獄，同時被捕者有歐清石、陳皆興、郭國基等 200 多人，被列爲主犯，以「陰謀臺灣脫離日本統治」的罪名判刑 15 年。1948 年 7 月，與丘念臺、陳嵐峰、陳慶華、李緞等 5 人當選第一屆「行憲監察委員」。

陳文彬（1904～1982），高雄岡山人，1931 年畢業於東京法政大學哲學系，復旦大學教授，1934 年回日本法政大學任教。戰後任臺灣同鄉會和東京華僑總會會長。1946 年回臺，臺北建國中學校長，臺大教授，二二八事變時爲保釋學生被拘 50 多天。《人民導報》主筆，1949 年回大陸，研究文字改革，全國政協委員。著有《中國語讀本》等。

陳承藩，1927 年畢業於東京美術學校。

陳漢平（1907～1969），字鶴飛，高雄市人，1923 年到 1929 年在日本留學，先後進入日本大學、陸軍士官學校第 20 期炮科學習。留日期間加入國民黨，1929 年去黃埔軍校教官，後歷任國軍隊長、訓練主任、團長、少將參謀長等。參加臺北市公會堂日軍投降儀式。歷任高雄港港口運輸司令、臺灣省警備司令部高級參謀、高雄市主任秘書、市政府顧問、《中央日報》社高

雄分社主任等職。

陳新安，柏舟，高雄人，京都帝大法科畢業，高雄縣議員，1954 年 5 月當選高雄縣長，1957 年任糧食局臺南事務所長，市府主任秘書。

陳水印（1908～1989），高雄人，余陳月瑛二哥。1939 年畢業於日本醫科大學，高雄官醫生，後自開醫院，地方意見領袖，二二八事件時被捕，花錢被釋放。當選兩屆前金區長，第一屆市議員。

陳某某，高雄人，余陳月瑛四哥，醫科大學畢業。

陳某某，高雄人，余陳月瑛五姊，洋裁專門學校畢業。

陳德興（1905～？），高雄人，1923 年進入東京正則英語學校，在日本目睹日農工運動，日本中等以上學校，許多學生研讀《無產者經濟學》、《共產主義 ABC》等。回臺後關注農工。臺灣農民組合中央委員，臺共中央委員。

陳貽浦（1927～），高雄人，千葉中學，泰華油脂工業股份有限公司總經理。

陳浴沂（1919～？），苓仔僚人，先後畢業於豐國中學、慶應大學中文系，在校讀三民主義，首屆高雄市參議員，不滿政府辦事作風，提議組織工會，二二八事變時被抓，後逃到香港經商，香港臺商會長。

陳水木（金木）（？～1950），苓仔僚人，陳浴沂小弟。熊本外語學校畢業，光復後回臺讀臺北師範學院，受社會主義影響，1947 年二二八事件時因參加忠義服務隊被捕。

陳南輝（1896～1958），苑里人，區長莊長陳瑚長子。1918 年畢業於東京府立第四中學，臺北醫學專門學校畢業，公醫，外科醫生，苑里莊協議會員，光復後，苑里鎮長，苑里水水利會長，農會會長。妻子朱端，朱江淮大姐。

陳慶華（1903～1988），員林人，陳彩龍堂弟。楊肇嘉妹婿。1930 年畢業於早稻田大學法律科，1930 年通過高等文官考試司法科。歷任東京、宮崎、福岡、小倉、久留米等地方法院判事。日本投降時，九州島臺人 4 千多成立臺灣同鄉會，任會長，處理返鄉事宜。1946 年返臺，省政府地政局專員，臺灣高等法院檢察官。1947 年 7 月當選「監察委員」。1950 年任省地方選舉監察委員會主任委員。臺灣區紅糖工業同業公會理事長。

陳金水，北斗人，明治大學畢業，在東京參加臺灣青年會、臺灣議會設置請願運動。

陳炘（1893～1947），臺中人，1922 年畢業於慶應大學經濟科，大甲社尾

望族出身。留日時熱心民族民主運動，參加新民會、臺灣文化協會、臺灣議會設置請願運動。大東信託公司總經理，臺灣信託公司總經理。臺灣金融業先驅。戰後組織大公公司。二二八事變時被殺。

陳盤谷，臺中人，陳炘長子，在東京讀中學，1944 年入日軍服役，1946年回臺灣。

陳作忠，父親陳有光是富豪、保正。日本大學法科畢業，信用組合長，莊協議會會員。

陳瓊琚（1895～？），大甲人，京都同志社大學英文科畢業，淡水中學教師，編教會報。

陳茂源（1903～？），桃園大溪人，1928 年畢業於東京帝大法科，1928年 10 月文官考試司法科合格，東京地方裁判所司法官試補、預備判事，長野地方裁判所松元支部判事。在東京加入新民會，也是林獻堂「留東詩友會」成員。光復後，任臺灣大學法律系教授。翻譯恩師矢內原忠雄的《日本帝國主義下之臺灣》。妻子林芯是林熊祥長女。著有《自由丘吟草》。

陳思聰，南投人，1915 年前後留學日本。

陳淑眞（1912～？），臺南人，帝國女子醫專畢業。丈夫林躍鯉。

陳新彬（1897～？），龍井人，1923 年到 1929 年在日本留學，先後畢業於東京醫專、東京帝大醫學部，醫學博士，在臺中開辦新彬醫院。

陳天賜（1898～1955），臺中梧棲人，1920 年畢業於日本大學法律科，1920 年赴河北，安次縣廊坊鎮公安分局長，故城縣鄭鎮公安分局局長，密雲縣承審官。1931 年在北平創辦志誠實業有限公司，日軍佔領北平後，任定縣縣長，後在北平當律師，編《中華法令旬刊》。戰後回臺就職高雄等地方法院。

陳來旺（1907～？），臺中梧棲人，出身富商家庭。1927 年前後在東京成城學院學習，東京社會科學部成員，臺共黨員，日共民族支部東京特別分部負責人。

陳榮（1916～？），又名陳垂映，臺中市人，早稻田大學商科畢業，信託投資有限公司副總經理，該公司 1966 年 3 月創辦。中國租賃股份有限公司副董事長，該公司 1977 年 10 月創辦。著有小說《暖流寒流》等。

陳茂堤（1893～？），臺中市人，1935 年畢業於慶應大學，醫學博士，臺中開業醫生。臺灣文化協會創始會員之一，文化協會評議員，臺灣民眾黨臺

中支部委員。光復後，省參議員，臺灣省醫師公會理事，臺中市醫師公會理事長。

陳遜仁（？～1940），臺中人，1930年進入東京醫專學習，留在日本。

陳遜章（1917～？），臺中人，1936年到1941年在日本留學，先後進入早稻田大學法文系、基督教神學校學習，任職於大公企業公司、臺灣信託公司、華南銀行皇民奉公會臺中支部，做過陳炘的秘書。

陳東軒（1922～），臺中人，武道專校肄業，世奇塑橡膠股份有限公司總經理，該公司1976年8月創辦，資本6百萬新臺幣，員工136人。

陳新耀（1924～），臺中縣人，日本體育專校畢業，永豐原造紙股份有限公司總務經理，該公司1948年1月創辦，資本542百萬新臺幣。

陳曉鼇（1924～），臺中縣人，中央大學經濟科畢業，1948年9月任職彰化銀行清水分行，華南商業銀行總經理第一商銀行董事長，省合作金庫總經理。

陳亭卿（1914～？），龍井人，廣島修道中學畢業，僞滿洲國經濟部事務官，1946年回臺。認爲日本侵略中國，是因人口太多無處去。1946年12月任臺灣省廣播電臺文書股總幹事，籌備高雄臺。二二八事變時因煽動民眾被判刑1年6個月。華南銀行職員。

陳奇祿（1923～），臺南縣人，國民黨副秘書長，「行政院政務委員」，「行政院文化建設委員會主委」，「總統府國策顧問」，公共電視臺籌備委員會主委，「國家文化藝術基金會」董事長等。

陳蒼陸，臺南東山人，在東京私立中學學習。

陳鴻湖，臺南東山人，在東京私立中學學習。

陳南有，臺南東山人，在東京私立中學學習。

陳天海，臺南東山人，在東京私立中學學習。

陳華宗（1903～1968），臺南學甲人，立正大學史學科畢業，1935年任學甲莊長，1941年任嘉南大圳水利組合會議員。戰後任接收委員，1950年當選嘉南大圳水利委員會副主任委員，1959年當選嘉南農田水利會長。1946年臺南縣第一屆參議會議長，1964年當選第三屆省議員。

陳省吾，臺南，九州島醫學專門學校畢業，1957年5月任臺南縣衛生院長。

陳金樹，臺南人，九州島帝大附屬醫學專門部畢業，醫學博士，1962年後歷任嘉義醫院長、臺南醫院院長。

　　陳愈之，字英敏，臺南人，九州島帝國大學畢業，醫學博士，1963 年 2
月任衛生試驗所長，臺中醫院院長。

　　陳友欽，字式鵬，臺南人，警察局長，省府委員，建設廳長。

　　陳純義，臺南曾文郡官田莊，1929 年畢業於中央大學政治科，官田信販
購利組合理事，官田部落振興會長。

　　陳天階，富家子弟，中央大學畢業，《興南新聞》編輯、《臺灣新生報》
南部主任，參與接收《臺灣新報》南部分社，二二八事變後辭職。

　　陳永禎，臺南官田莊地主家庭出身，早稻田大學商科畢業。

　　陳永祈（？～1987），早稻田大學建築科畢業，定居日本。

　　陳滄水，臺南人，1936 年前後在東京獸醫專科學校學習，在東京與鍾謙
順同學。

　　陳嘉樹（1919～），臺南市人，父親陳瑞山為臺南州會議員、香煙專賣代
理商、臺灣儲蓄銀行監察人。廣島高等學校機械科畢業，經椎名悅三郎、楊
蘭洲介紹去東北，任偽滿洲國產業調查局局長，和岸信介熟識。光復後，悅
三郎去臺灣，受到其在偽滿洲國的部屬宴請。

　　陳嘉濱（1920～），臺南市人，陳嘉樹二弟。廣島高等工業學校電氣科畢
業，

　　陳日三（1928.10～），臺南縣人，日本上海商業學校高級部統一企業副總
經理。

　　陳明清（1903～1964），臺南人，中央大學法學部畢業，1932 年文官高考
司法科及格，司法官試補，1934 年到 1940 年在日本任職。光復後，新竹法院
判官，1945 年 8 月任新竹法院院長，1950 年退休，臺南律師，妻子高錦花。

　　陳自西，臺南人，父親陳人英是參事、莊協。早稻田大學專門部畢業，
莊長，信用組合長。

　　陳玉麟（1921～），臺南市人，先後畢業於熊本大學藥學部、九州島帝國
大學，農學博士。1942 年回臺灣，臺灣大學教授，1951 年去美國農業部做農
業研究。

　　陳福星，臺南市人，日本大學哲學系畢業。

　　陳牛港（1896～1959），斗南人，1926 年去日本中央大學法科學習，1932
年通過日本文官高等考試司法科。返嘉義開業做律師。1939 年當選第二屆嘉
義市會議員。光復時，協助接收，二二八事變後任嘉義初級中學校長，翌年
辭職。

陳尙文（1897～1969），名周，嘉義朴子，1923 年畢業於東京工業大學電氣化學科，返臺任職於中央研究所。1932 年赴山西，任西北實業公司電化廠總工程師。抗戰期間歷任四川省工業試驗所所長、中央工業試驗所總工程師。光復後，任臺灣省建設廳副廳長、廳長，1950 年任省府委員。夫人呂錦花。

陳澄波（1895～1947），嘉義人，父親是秀才。1924 年到 1929 年在日本留學，先後在東京美術學校、西畫研究所學習繪畫，1929 年到 1933 年在上海，1934 年在臺灣組織「臺陽」。1927 年油畫「嘉義郊外」入選第七回「日本帝國繪畫展」。1945 年任嘉義市各界歡迎國民政府籌備委員會主任委員，1946 年當選嘉義市參議員。二二八事變時被殺。

陳宗惠，嘉義人，父親陳老英開業醫生。慈惠醫科大學博士，回臺做醫生。

陳嘉音，嘉義人，祖父是陳老英。愛知醫科大學博士。

陳鋒泉（1919～？），日本國學院大學畢業，華僑信託投資股份有限公司副總經理兼高雄分公司經理，該公司 1971 年 7 月創辦，資本 520 百萬新臺幣，員工 196 人。

陳啓嵩（1923～），嘉義市人，日本同志社商業專科學校畢業，大恭化學工業股份有限公司董事長，該公司 1966 年創辦於臺北，資本 90 百萬新臺幣，員工 180 人，生產顏料。參加扶輪社。

陳復志（1911～1947），士賢，東京神田大成中學畢業，黃埔軍校第 8 期畢業。抗戰中升副團長，光復後，回臺灣任國防部中校參謀，籌組三青團臺灣區團，任嘉義分團主任，對嘉義憲兵隊長李士榮貪污檢舉。被推為「嘉義市二二八事件處理委員會」主任委員兼防衛司令部司令，不接受。但 3 月 18 日仍被國軍槍殺。

陳壽連（？～1973），嘉義人，日本獸醫學校畢業，基隆市家畜疾病防治所所長。

陳紹禎，南投人，兄陳上達是參事、清朝武秀才。東京帝國大學醫學博士，莊協議會員，自己開辦醫院。

陳神俊，南投人，父親陳上達是武秀才、富豪。堂叔陳紹禎。昭和醫專畢業，醫生。

陳土根（1925.8～），南投縣人，近畿大學商經科畢業，大西洋飲料股份有限公司董事長，該公司 1965 年 7 月創辦，資本 200 百萬新臺幣，員工 115 人；旭順食品有限公司董事長，該公司 1973 年 9 月創辦。

陳彩龍（1890～？），南投人，先後留學於東京帝大、慶應大學，醫學博士，在竹山開診所。在臺中開辦穎川醫院，臺中醫院院長，1954 當選三屆臨時省議員，連任。

陳瑞方，臺中人，陳彩龍長子。留日學醫，婦產科名醫。彭明敏大姐夫。

陳端堂，臺中人，陳彩龍四子。大阪帝國大學、日本帝大博士，穎川醫院醫生，當選第七屆臺中市長。

陳水潭（1897～1956），臺中豐原人，陳彩龍之弟。1925 年畢業於東京醫學專門學校，臺中豐原街開業名醫，豐原街協議會員，加入臺灣地方自治聯盟，皇民奉公會臺中支部奉公委員。光復後，豐原鎮長，縣議員，當選臨時省議員，1951 年競選首屆臺中縣長，敗於林鶴年。1954 年當選第二屆臺中縣長。臺中縣地方派系黑派創始人。

陳錫卿，臺中人，陳彩龍堂弟。彰化縣長及省民政廳長。

陳景崧，彰化人，日本大學醫學部畢業，在彰化田中行醫。

陳滿盈（1896～1965），筆名虛谷，彰化和美人，生父貧窮，過繼給陳姓地主。1923 年畢業於明治大學政治經濟科，1925 年籌劃中央俱樂部，參加臺灣議會設置請願運動，1932 年擔任《臺灣新民報》學術部部員，和美恒生信用販賣利用組合長。省通志館委員、顧問。詩人，著有《虛谷詩集》、小說《他發財了》等。

陳全生（1909～？），彰化人，京都帝大法學科畢業，中國電器股份有限公司董事長兼總經理，該公司 1955 年 2 月創辦，資本 230 百萬新臺幣，員工 1580 人。

陳朔方（1890～？），彰化人，1926 年去東京醫專學習，東京臺灣青年會成員。在臺中開辦體仁醫院，臺中市會議員。

陳榮方（陳英方）（1898～？），陳朔方弟弟。日本醫專畢業，彰化街體仁醫院長，街協議會員，光復後，與兄朔方同為醫師公會員。

陳昌信（1913～？），彰化縣人，田中國民學校高等科畢業，伍常企業有限公司董事長，該公司 1971 年 6 月創辦，資本 3 百萬新臺幣，員工 20 人，生產廚房用具。

陳萬居，號雲翔，彰化人，同主大學醫學解剖博士，澎湖醫院院長，1947 年 10 月任宜蘭醫院長，後任新竹醫院院長。

陳萬（1905～1988），號如章，南投集集人，1930 年畢業於東洋大學倫理

文科，加入《臺灣新民報》社，歷任臺南、高雄、臺中支局長，臺中州青果同業組合評議員，《興南新聞》社企劃部長兼工務部長。光復後，省民政專員，《全民日報》總經理，《中華日報》、《臺灣新生報》董事，省府委員，彰化銀行董事，高雄縣民政局長等。

陳耕元（1905～1958），卑南社原住民，1932 年到 1935 年在橫濱商專學習，優秀棒球運動員，1929 年參加嘉義農林學校棒球隊，該隊 1931 年獲日本全國中等學校棒球大賽亞軍。光復後，先後出任嘉義農林學校教師、臺東農校校長，縣議員，省議員，臺東縣長，原住民主委。

陳進東，本姓江，宜蘭人，陳輝煌三子陳振光的養子，大地主。1920 年進入長崎醫科大學學習，創辦大同醫院。宜蘭縣議會議長，1964 年 6 月到 1973 年 2 月當選兩任民選縣長，兼縣文獻委員會主委。與兄弟陳進富為宜蘭第一大地方派系核心人物。

陳進富，宜蘭人，陳進東之弟。宜蘭縣議會議長。

陳水土（逸松）（1907～1999），宜蘭人，祖父陳輝煌是清朝二品大官。1920 年到 1931 年在日本留學，先後畢業於岡山二中、岡山第六高等學校、東京帝大法學部，高等文官考試司法科合格。1933 年返臺開業律師，1935 年民選臺北市議員，1941 年任臺北市律師公會副會長。光復初任三青團臺北分團團長，發行《政經報》，參加光復致敬團，中央銀行常務董事。二二八事件處理委員會委員之一。1964 年與高玉樹、周百鏈競選臺北市長。陳逸松口述、林忠勝撰寫《陳逸松回憶錄》，前衛出版社 1994 年出版。

陳清江，宜蘭人，通信學校法制學會肄業，1953 年 8 月到 1956 年 7 月民選三星鄉鄉長。

陳金波（1889～1961），字鏡秋，號雪峰，宜蘭人，1919 年進入東京帝國大學醫學部研究，1920 年 10 月出任首屆街協議會員，1922 年起擔任文化協會理事，參加會務活動。1926 年為宜蘭街助役（副街長）。1927 年 7 月，加入臺灣民眾黨並擔任該黨中央執行委員及宜蘭支部常務委員。1935 年 11 月以最高票當選首屆民選宜蘭街協議會員，1936 年參加臺北州會議員選舉，以最高票當選唯一的議員。1945 年 11 月代理宜蘭市長，致力於地方教育權之爭取。

陳坤臣（1902～？），宜蘭羅東人，在日本讀中學，1941 年後做過防護團團長，五結農會負責人，代表主席，村長，及利澤簡教師 6 年。

　　陳呈祥，宜蘭羅東人，地主陳進財長子，兄弟數人全部留學日本。妻子石滿。1931 年畢業於名古屋大學醫科，光復後，臺北縣衛生院羅東分院院長，宜蘭醫院院長、衛生局長。

　　陳某某，宜蘭羅東人，陳呈祥弟弟，崗山中學畢業。

　　陳呈雲（1904～1938），宜蘭羅東人，羅東街長、羅東米穀配銷組合組合長陳純精之子。陳純精因有功於殖民產業發展於 1933 年應邀參加天皇主持的「觀菊御會」。陳呈雲畢業於私立東京高等音樂學校，專攻鋼琴和作曲，回臺後任職基隆曙公學校及羅東女子公學校。娶日本女子為妻。

　　陳漢起（1901～？），東京齒科專校畢業，醫生。

　　陳金（1916～？），日本大學畢業，開辦永安齒科醫院。

　　陳旺枝，宜蘭人，日本工業學校畢業，回臺後任保正，光復後，先後任村長、鄉代表、代表會主席，任調解委員會主席 6 屆。

　　陳金溶（1922～），基隆人，橫濱市立經濟專門學校畢業，臺灣煉鐵股份有限公司總務處長。

　　陳漢洲（漢周），基隆人，留日學醫，在基隆做齒科醫生。

　　陳長鍾（1918～？），桃園人，日本大學商科畢業，新生產業股份有限公司總經理，1971 年 11 月創辦，資本 60 百萬新臺幣。

　　陳家樵（1918～？），彰化人，京都同志社大學畢業，彰化商業銀行總務室主任，該銀行 1905 年創立。

　　陳定國（1923～1999），新竹人，東京太平洋美術學校畢業，回臺後，省文化宣傳促進會常務委員，後轉任教師，歷任新埔國中及新埔國小美術科教師 20 多年，指導學生皆有所成。光復初期即致力於漫畫創作，譽為「臺灣漫畫先驅」，繪有連載漫畫《三藏取經》、《白蛇傳》、《呂四娘》、《花小妹》、《西遊記》、《三國演義》、《孟麗君》、《王寶釧》等，宣傳忠孝禮節義，獲表彰無數，1973 年受到蔣介石接見。

　　陳進（1907～1998），新竹牛埔莊人，國語傳習所甲科畢業、莊長、區長、富豪陳雲如之女。1925 年到 1929 年留日，畢業於東京女子美術學校日本畫師範科，又進入新風俗畫家鏑木清方私塾學習。首位赴日學畫的女子。中學美術教師，臺灣省美術展覽審查員。國際知名的東洋畫畫家，擅長人物畫。

　　陳璧，新竹牛埔莊人，陳雲如次女，東京女子醫專畢業，開業醫生。

　　陳永珍，區長、州協陳羹梅次子。早稻田大學政治經濟科畢業，《臺灣新民報》新竹支局長。農業、漁業組合長，莊長。

陳清池，新竹人，東洋大學畢業，1951 年 8 月到 1954 年 10 月任臺北縣民政局局長。編著《林耀亭翁：面影》，臺中市，耀亭翁遺德刊行會 1938 年刊行。

陳振武（1923.9～），雲林人，1943 年 10 月去日留學，京都大學醫學部肄業，1946 年轉學到臺灣大學，臺大醫學院眼科醫生，省衛生處砂眼中心醫師，1957 年到 1989 年任高雄醫學院眼科教授。

陳義順（1906～1942），號哲生，雲林土庫人，早稻田大學畢業，參加上海革命組織，臺灣省黨部籌備處組織科長。任日本人在香港的《珠江日報》記者，進行地下活動。1940 年 1 月 29 日被捕，1942 年 2 月被殺。

陳炯熙（1922～），雲林人，公眾衛生院醫學科畢業，臺北赤十字病院醫師、省衛生處技術室主任。

陳英松，雲林人，名古屋帝國大學醫學專門部畢業，嘉義醫院院長。

某某，雲林人，東京齒科大學，在東京行醫。

陳春信（1923～），彰化人，慶應大學畢業，國華產物保險有限公司主任秘書。

陳馨，彰化人，日本玫玉社高等工業學校畢業，1977 年任曾文水庫管理局長。

陳世榮（1918～？），東北帝國大學法科畢業，高等文官考試司法科合格。1946 年初回臺，臺北地方法院檢察官、推事，高等法院推事、大法官，兼任臺灣大學教授。著有《抵押權之實行》、《強制執行法詮譯》、《票據法總則詮譯》、《票據之利用與流通》等。

陳伯村，彰化人，京都大學法學研究所畢業，臺南市、臺中市政府主任秘書。

陳朝景（1903～1966），屏東里港人，就讀於東京明治中學、中央大學法律科、法政大學政治科，1932 年司法書士考試合格，返回家鄉開業，長老教會中學評議員，里港莊協議會員，教化委員。光復後，高雄縣參議會主任秘書，高雄縣農會理事長，屏東縣議會二、三、四、六屆縣議員等。

陳智雄（1916～1963），屏東人，青山學院、東京外語專科學校畢業，任職日本外務省，1941 年太平洋戰爭爆發後被派赴印度尼西亞。戰後辭去外務省職務，做珠寶生意，資助印度尼西亞獨立運動。印度尼西亞獨立後被奉為國賓。出任廖文毅的「臺灣共和國臨時政府」駐東南亞「巡迴大使」，四處宣傳「臺獨」。1959 年在日本被國民黨情治人員綁架，用郵袋運回臺灣，被許以

省府參議，但仍主張臺灣獨立建國。1961 年組織同心社，1963 年 5 月 28 日被槍斃。

陳篡地（1907～1986），彰化二水人，1933 年畢業於大阪高等醫學專校，在日留學期間加入日本共產黨外圍組織「戊辰會」，被日警逮捕關押一年。1933 年回臺在雲林斗南鎮開業，後至斗六開設眼科醫院，日軍中尉軍醫。二二八事件中率民眾武裝「斗六隊」與國軍戰鬥，潛逃山區，1953 年出面自首。

陳翠玉（？～1988），彰化人，日本聖路加女專護理科畢業，臺大醫院護理部主任，臺大護校校長，加拿大護理教育碩士，1959 年去美聯合國衛生組織 18 年，1984 年到 1987 年任臺灣人公共事務協會中委，婦女臺灣民主運動發起人發言人。人權協會顧問。

陳書友（1923～），彰化人，近畿大學化學科畢業，經營榨油業總源企業股份有限公司董事長工業總會理事。

陳火桐（1925～），彰化人，富商陳金髮之子。去日本就讀小學、中學、法政大學，車樂美縫衣機股份有限公司董事兼副總經理，該公司是日本人 1969 年 4 月創辦的，資本 110 百萬新臺幣，員工 500 人。1962 年因廖文毅案被捕。

陳光熙，京都帝國大學法科畢業，漫畫家。就讀京都帝國大學法科時，就在《臺灣新民報》、《臺灣日日新報》發表漫畫。戰後擔任中學訓導主任、校長。他以筆名「羊鳴」發表了宣傳反攻大陸的漫畫《小八爺》於《學友》月刊。另有《新生活運動》、《守望相助》等漫畫。

陳文仁，東京帝國大學政治科畢業，延平學院教師。

陳炎坤（1921～），南投埔里人，地主兼商人家庭出身。1933 年去日本讀中學 5 年，到大陸上大學。1945 年回臺。二二八事件時家裏藏有三個外省人。

陳金河（1923～），陳炎坤二弟，1933 年去日本讀中學，到大陸上大學，1945 年回臺，1950 年因蔡孝乾案被判刑 10 年，出獄後以翻譯為生，但仍受管制。

陳換治，陳炎坤三妹，東京服裝學院。到偽滿洲國新京工作，與豐原人袁柏梁結婚。

陳界和，留日學經濟，光復後自日本回臺，和李登輝一起轉進臺灣大學農經系。

陳卓木，1943 年前後在法政大學經濟科學習，和陳火桐同學。

陳某，1933 年前後在大阪齒科專門學校學習。

陳吉村，1943 年畢業於駒澤大學佛學科。

陳宗，1931 年畢業於早稻田大學法學部。

陳暖玉，東洋音樂學校畢業。

陳雪卿，東洋音樂學校畢業。

陳南山，帝國音樂學校畢業。

陳敬輝，留日學習美術，1935 年 6 月 9 日，與呂鐵州等五人組織六硯會。

林明德（1914～？），淡水人，1933 年到 1944 年在日本留學，在日本大學藝術科學習和跟私人研究舞蹈。1944 年返臺，進行西洋舞蹈創作教育、表演活動。

林和彥，東京醫專畢業，宜蘭醫院醫生。

林兌，1926 年前後在日本大學學習，參加東京臺灣青年社會科學研究部。

林本元（1896～？），臺北市人，明治大學畢業，任職於臺灣省長官公署及省政府財政廳，1960 年退休。著有《中國語國音篇》、《臺灣白話三字文》、《林本元先生自傳》等。

林柏壽（1895～1986），字季丞，板橋人，大地主大商人大官僚林維源之子，1910 年到 1913 年就讀於東京皇家學習院，1918 年回臺灣任林本源製糖株式會社監事，1922 年成立林本源柏記產業株式會社，1924 年留學英國倫敦大學經濟系，1926 年留學法國巴黎。回臺後擔任臺灣商工銀行、林本源維記興業株式會社、林本源興殖株式會社暨事業董事。不願做殖民政府的官員，不爲殖民政府諒解，遂流寓越南西貢以避禍。光復後，回臺灣任臺灣水泥公司董事長，中國國際商業銀行董事長，臺灣電視公司首任董事長，並投資中華開發公司。

林松壽（？～1932），板橋人，日本皇家學習院中學部，擔任北洋軍閥政府交通署長。

林鶴壽，林本源製糖株式會社社長。

林子畏（宗敬），板橋人，林松壽之子。東京曉星中學畢業。

林海達，板橋人，林嵩壽之子，京都帝大經濟科畢業。

林熊祥（1896～1973），字文訪，號宜齋。板橋人，1910 年到 1913 年在皇家學習院高等科學習，與天皇裕仁同學。建興公司社長，林本源製糖株式會社董事，臺北商事會社董事，皇民奉公會中央本部參與。光復後，臺灣省通志館顧問委員，臺灣省文獻會主任委員。著有《臺灣史略》、《林文訪先生詩文集》等。

　　林熊光（1897～1974），字朗菴。板橋人，皇家學習院、東京帝國大學經濟學部畢業，有 5300 甲土地，全臺首富。大成火災海上保險會社常務董事，到南美洲投資，連任三屆臺北州協議會員，總督府評議會員。第二任臺灣總督乃木曾任學習院長，要林家為日本皇家藩屏，故兒子全在皇家學習院學習。著有《寶宋室筆記》等。

　　林明成，板橋人，林熊徵之子。

　　林景仁，號小眉，板橋人，林維源之孫，林爾嘉長子。留學日本皇家學習院，偽滿洲國外交部歐美科科長。著有詩文集《摩達山漫草》、《天池草》、《東寧草》。

　　林剛義（剛毅），板橋人，林爾嘉二子。大阪商工學校畢業，回鼓浪嶼搞化學實驗。

　　林崇智（1897～？），板橋人，林爾嘉四子。皇家學習院、東京帝國大學畢業，省文獻委員會副主任委員。

　　林履信（1900～1954.6），字希莊，板橋人，林爾嘉五子。皇家學習院、東京帝國大學文科畢業。《臺灣新民報》社監事，廈門《全閩新日報》總主筆。著有《希莊學術論叢》、《洪範之體系的社會經綸思想》、《蕭伯納研究》等。

　　林宗賢，板橋人，林祖壽長子，京都帝大法學部畢業，臺泥常務監察人。光復初任國民參政員及「立委」。

　　林宗慎，板橋人，林祖壽四子。1951 年當選板橋鎮長。

　　林衡道（1915～1997），板橋人，父親林熊祥、母親為內閣學士陳寶琛之妹。1925 年到 1938 年在日本學習，就讀於小學、中學、仙臺東北帝大經濟系，臺灣大學、淡江大學等學校教授，臺北市政府安全室主任，臺北市文獻委員會主委，省文獻委員主委。著有《風物志》、《日本遊記》、《日本古典文學讀本》、《政治與社會》、《臺灣一百名人小傳》等。

　　林乃敏，嘉義人，中學、東京帝大法學部畢業，日本文官高等試驗外交科考試合格。日本遞信省事務官。光復後任美國安全總署中國分署工業組長，延平學院教師。

　　林嘉雄，東京日本學校畢業，1945 年 12 月任糧食局臺東事務所長。

　　林朝宗（1905～？），新莊人，地主家庭出身，日本大學專修生，東京社會科學部成員，臺灣民族支部中央常委。

　　林朝卿，臺北人，東京農業大學畢業，1949 年 3 月任蠶業改良場長。

　　林佛國（1885～？），號石崖，景美人，書香門第、父親有五品軍功。私立東京法政大學畢業，學校訓導，州協議會員，《臺灣日日新報》記者、編輯，常組團回祖國參訪。光復後，臺北縣參議員，第一屆縣議員。著有《臺灣今昔論》、《日本地方自治》等。

　　（林）蔡婗（1911～？），昭和女子藥學專門學校畢業，臺大醫院藥劑師。丈夫林清安也在日本留學。

　　林柳新（1912～1973），臺北市人，日本醫科大學，醫學博士、理學博士。日本帝國大學醫師。光復後，省立臺北婦產科醫院副院長，基隆醫院院長，「省府衛生處技術室主任」。著有《家庭藥學》等。

　　林天祐（1913～1995），臺北新莊人，1932 年畢業於東京私立中學，醫學博士，著名胸腔外科醫生，發明「手指肝切法」享譽世界。

　　林天賜（1913～1955），萬華人，京都帝國大學醫學部畢業，醫學博士。臺大教授兼副院長。

　　林輝焜（1902～？），淡水人，1928 年畢業於京都帝國大學經濟學部，臺灣興業信託株式會社社員，1930 年任淡水信用合作社專務理事。臺北市政府秘書。著有長篇日文小說《命運難違》等。

　　林我澤（1913～？），臺北市人，熊本大學醫學部，醫學博士，熊本大學教授，臺大教授，市立婦幼醫院院長。著有《醫院便民措施》等。

　　林濬哲，內湖人，林坤鍾之弟。東京帝大醫學博士，上海開業醫生。光復後回臺。

　　林嘉雄（1919～？），臺北人，東京大學商學科畢業，臺灣產物保險股份有限公司理賠中心主任，該公司 1946 年 6 月創辦。

　　林衡肅（1920.11～），臺北人，明治大學商學部畢業，東馨公司董事長，該公司 1967 年 5 月創立，資本 20 百萬新臺幣。員工 30 人，化纖製品，醫療器械進口。

　　林淑祺（1920.3～），臺北人，日本海生中學畢業，味王股份有限公司總經理，該公司 1959 年 7 月創立。三信商事股份有限公司董事長，該公司 1969 年 9 月創立，資本 90 百萬新臺幣，員工 136 人，進口販賣汽車。

　　林呈祿（1887～1967），桃園大園人，父被日人殺害。兄瑞仁為區長、莊長。1914 年去日本留學，明治大學法律科，高等研究科，1910 年普通文官考試合格，受山本美越殖民地自治主義影響。臺銀職員，臺北地方法院書記官。1922 年 4 月接辦《臺灣青年》改為《臺灣》。留學生運動領袖，抗日運動理論

家。《臺灣新民報》編輯局長，總督府府評議會議員。臺灣議會請願活動文獻多由他起草，光復後任東方出版社董事長。

林益謙（1911～?），林呈祿之子。東京第一高等學校、東京帝大法科畢業。文官高等試驗司法科考試合格，曾文郡守，總督府財政局金融課長。光復後，任東方出版社董事長等。

林煥清（1901～?），桃園人，林呈祿侄子，1925 年畢業於東京商大，任職於總督府殖產局，《臺灣新民報》發行人，兼庶務部長、編輯局長到去世。

林仲光，桃園人，林益謙次子，日本皇家學習院。

林摶秋（林博秋）（1920～1998），桃園人，日本大學高等科、明治大學政治經濟部畢業，臺首位劇作家，1942 年 11 月在東京發表《奧山社》，留在日本紅磨坊劇團文藝部，1943 年 1 月回臺，參加厚生演劇研究會。光復後，閩南語電影時代的代表導演兼製片人，有劇本《母屋》、《陣頭指揮》、《水平坑》等。

林富崙，臺東人，保正、莊長、區長林添壽長子。公學校教師。

林尚英，高雄人，官紳林彬秀之子。東京大倉商業學校畢業。日本全國漁業組合雇員、書記、主事補，返臺後經商，戰後協助國民黨政府接收，臺東縣政府主計主任，省議員。

林尚文，臺東人，東京外語學校。

林進生（1901～1960），恆春人，1941 年畢業於東京音樂學院鋼琴，參加1934 年 6 月成立的「鄉土訪問音樂團」，長榮中學教師，1945 年任臺東女中校長，1945 年 12 月 25 日負責接收臺東女校。

林澄沐，恆春人，東京音樂專校畢業，主修鋼琴。

林旭屏（1904～1947），東石人，莊長、莊協議會員林純卿之子。第三高等學校、東京帝大法學部、大學院民法，1931 年文官高等試驗司法科合格。臺灣總督府文書課，交通局書記，屏東市助役，新竹市助役，臺南州商工水產課課長，竹南郡守，專賣局參事，臺灣總督府煙草課長。光復後留用在專賣局，二二八事變中被害。

林頂立（1908～1980），雲林刺桐人，豪農、保正、莊長、區長、莊協林聰之子。陸軍經理學校、明治大學政經系肄業，1931 年九一八事變後回大陸，在大陸從事情報工作。省臨時議會第一屆副議長、二屆副議長。軍統、保密局臺灣站長。《聯合報》發行人，農林公司董長。1959 年經商，任國泰保險公司董事長。

林鴻鳴，雲林人，愛知縣立安城農林學校，1946 年 1 月任糧食局臺南事務所長，1953 年調任高雄事務所長。

林振聲（1888～1956），西螺人，中學、新瀉醫科大學畢業，廈門博愛醫院醫生。開西螺拯生醫院。臺南州議員。光復後，西螺鎮民代表會主席，鎮合作社理事會主席。

林英生，西螺人，林振聲次子，岩手醫專畢業。

林景福，林振聲三子，興亞醫專畢業。

林恒生（1925～），西螺人，林振聲四子，東京農大拓殖科畢業。中學教員、鎮公所課長，縣府秘書、技正，縣議員，議長，1972 年當選雲林縣長，1977 年再當選雲林縣長。臺自來水公司董事長。地方派系「林派」核心人物，第 11、12 屆國民黨候補中委。

林茂生（1887～1947），號耕南，屏東東港人，基督長老會牧師、秀才林燕臣長子。在教會保送下，1908 年到 1916 年留日，先後就讀於同志社中學、京都第三高等學校、東京帝大。首位哲學博士，首位文學士，長老教中學教務主任，臺南商校教授。臺灣總督府評議員。皇民奉公會中央本部戰時生活部長。1945 年 10 月任《民報》社長，針砭時弊。臺大文學院長。二二八事件時遇害。兒子林宗義、林宗正、林宗人、林宗平、林宗和、林宗昌，女兒林詠梅，也留日。

林忠（1914～？），南投人，東京第一高等學校、京都帝大畢業，臺灣同盟會員，1942 年任職於臺灣黨部籌備處駐渝辦事處。光復時任臺灣省廣播電臺接收委員，二二八事件時，沒有控制好電臺，讓陳亭卿等在電臺上肆意批評，「國代」。1948 年轉往工商界。

林香芸（1926～），南投人，1936 年就讀於大村能章氏歌謠學院。舞蹈家，舞蹈教育、創作、表演。

林翠華，舞蹈學校畢業，舞蹈家。

林宗棟，臺南人，日本士官學校，參加二二八事變，後被捕。

林東淦（1905～？），字新園，高雄岡山人，父林溫如是大地主、商人，與陳啓清關係密切，兩家合營烏樹林製鹽株式會社，任董事。早稻田大學商學部畢業，繼承和經營父親的企業，皇民奉公會岡山郡支會奉公委員。光復後，高雄商業職業學校長，高雄市選舉委員會委員。女兒林澄枝嫁謝孟雄。

林金髮，高雄人，日本兩洋中學畢業，二二八事件時在高雄被抓。

林清輝（1917.12～？），新店人，秋田礦山專門學校畢業，臺北工專副教授，國民黨省黨部副主任委員，省議會秘書長，臺北市府教育局長，省教育廳副廳長。著有《選礦學》等

林宏（1923～），臺北人，東京帝國大學經濟學部畢業，建臺豐股份有限公司董事長，該公司1967年4月創辦。參加臺北北區扶輪社。

林忠實，臺北市人，長崎醫科大學醫學博士。省立共濟醫院婦產科主任，臺北市醫師公會理事。

林秀藏（1930.1～），臺北市人，日本大學農業部，太平產物保險公司第二營業部經理。

林新發（1926～），臺北新店人，東京日產金屬工業學校，商人。新店鎮第九、第十屆鎮民代表，第三屆新店市民代表。

林家濟，大稻埕人，九州島帝大農科，到廣東教書。

林某某（1925～），臺北人，林義旭三弟，留日學醫，留在日本行醫。1946年6月9日林義旭到臺北中山堂看宋非我、簡國賢的聖峰演劇研究會的獨幕劇《壁》的發表會，反應光復後貧富懸殊的，引起轟動。

林雪雲，高雄人，留日學鋼琴，蕭瑞安之妻。

林瓊瑤（1914～1979），高雄人，父親林迦。早稻田大學政治經濟科畢業。1936年高雄市興業信用組合書記、理事。1940年出任臺灣信託株式會社高雄支店長代理。光復後，高雄第三信用社理事主席，臺灣省信用合作社常務理事，1946年當選高雄市參議員，1950年當選市議會議員，1970年辦三信出版社，1972年當選增額「國大代表」。

林鶴雄，左營人，父親林建論是教師、副莊長。留日學醫，高雄市立醫院醫生，高雄市副議長。二二八事變時參加談判。

林淑媛，楠梓人，父親為莊長。東京女子大學肄業。王石定妻。

林曙光，高雄人，在京都留學，高雄市府機關報《國聲報》記者。

林瓊璋（1922～），高雄市人，青山學院，三芳化學工業股份有限公司董事長，該公司1973年6月創辦，資本200百萬新臺幣，員工450人。

林榮國（1923～），高雄縣人，法政大學專門部畢業，高縣議員、高縣耕地租佃委員會委員，高縣岡山區養魚生產合作社、信用合作社監事主席。漁民團體「增額立委」。

林某某，岡山人，林榮輝大姐。1950年5月林榮輝因學生工作會案被捕。

林祺瑞（1918～？），高雄縣林園人，1940 年畢業於早稻田大學專門部商科，林園莊長，高雄州廳判任官。光復後，林園鄉長 7 年，5 屆縣議員，林園地區「林派」重要人物。二二八事變時，阻止三青團黃占岸鼓動的青年學生進攻國民黨軍隊，避免了犧牲。

林文騰（1893～1978），北斗人，早稻田大學政治科畢業，北斗公學校教師，臺灣文化協會成員。在大陸抗日，戰後回臺經商，認識謝雪紅，在粵組織革命團體被拘，回臺被關 5 年。

林濟川（1893～？），臺中神岡社口人，明治大學商科畢業，在林熊徵開設的事務所任職，漢冶萍公司監察。1938 年日軍攻陷廈門後，任廈門特別市政府公賣局長。戰後以漢奸罪被捕，旋即釋放回臺。史明之父。

林躍鯉（1909～？），霧峰人，醫生林水來之子，昭和醫專畢業。

林仲衡（1877～1940），字資銓，霧峰人，棟軍統領林朝棟次子。1903 年於中央大學法科肄業，《臺灣新聞》董事，信用組合理事，莊協，櫟社成員。著有《仲衡詩集》，杜聰明編，1969 年 4 月出版。

林雙隨（1901～？），霧峰人，林仲衡女兒。杜聰明之妻。東京青山高等女子學校畢業。

林攀龍（1901～1983），筆名林南陽，霧峰人，林獻堂長子。1910 年到1925 年在日本留學，小學、中學、東京帝國大學法學部畢業，1932 年 3 月創立一新會，改造臺灣文化，一直到七七事變後才結束。明臺產物保險股份有限公司董事長，明臺輪船股份有限公司董事長。著有《人生隨筆》，臺中市中央書局 1954 年出版。

林猶龍（1902～1955），霧峰人，林獻堂次子。1910 年到 1926 年間，先後就讀於小學、中學、東京商科大學，彰化銀行董事長，霧峰莊長，1931 年霧峰鄉長，州會議員，華南銀行常務董事，信用組合長。入柔道鼻祖嘉納治五郎門下，光復後，彰化銀行董事長。娶日本人藤井愛子為妻。

林陸龍（1905～1935），霧峰林獻堂侄子，1912 年去日本，讀小學、中學。

林雲龍（1907～1959），霧峰林獻堂三子，1912 年到 1930 年留日，小學、中學、法政大學政治科畢業。彰化銀行董事，《新民報》政治部記者，莊長，《臺灣新民報》董事，《興南新聞》董事兼業務局長。光復後，省議員，臺灣煉鐵公司董事長，南華化工公司董事長。臺灣工業總會理事長。娶日本女子林多惠為妻。

　　林關關，霧峰林獻堂女兒，先後在日本就讀於小學、中學、日本女子大學。丈夫高天成。

　　林夔龍（1907～），霧峰人，林階堂次子。1933 年畢業於日本大學，《臺灣民報》社社會部記者，1940 任霧峰莊長至戰後。

　　林垂珠，霧峰林烈堂次子，明治大學法科畢業，娶日人永島青子。

　　林培英（1907～？），霧峰人，林幼春長子，1933 年畢業於早稻田大學，霧峰信用組合理事、常務理事。臺灣行政長官公署農林處秘書。

　　林魁梧，林紀堂長子。

　　林津梁，林紀堂次子。

　　林松齡，林紀堂三子。

　　林鶴年（1914～1994），霧峰人，林紀堂第四子，1940 年畢業於東洋音樂學院，東洋音樂學院教授，1945 年與東京人名取信子結婚。與蔣緯國關係密切。臺中一、三、五屆縣長。1951 年首次選舉縣長即成功，形成「紅派」，與豐原陳水潭的「黑派」敵對。著有《福雅堂詩抄》。

　　林蘭生，林紀堂第五子。

　　林澄坡（1887～？），臺中人，實業家、參事、區長林汝言長子，1910 年畢業於東京高等工業學校機械科，經營林本源製糖會社，豐原水利組合評議員，大東信託公司監事等，1935 年官選臺中市協議會議員、州會議員，信用組合長。

　　林挺生（1907～？），臺中人，父親林澄坡。1931 年早稻田大學法學部畢業，1932 年文官高等試驗司法科考試合格，在日本各地法院任判事。光復初在東京任臺灣同鄉會長，回臺後任法官。

　　林澄瑩（1889～？），臺中人，林汝言次子，1906 年到 1919 年留學日本，新瀉醫專畢業，臺中醫院公醫，開業醫生。購買林朝清的回春醫院。

　　林澄清（1894～？），先後畢業於大阪醫科大學、東京帝大，1931 年獲得血清研究博士學位，1930 年返臺，在臺中市中港開設澄清外科醫院。

　　林敬義，林澄清之子，留日學醫，1948 年接辦父親的澄清醫院。

　　林澄秋，臺中人，東京農業大學農學部畢業，私立大明中學董事長，臺中市建設局長，1968 年 4 月當選臺中市長，臺灣土地開發公司常務董事。

　　林湯盤（1901～1985），臺中人，保甲聯合會長、市協、區長林耀亭之子。橫濱本牧中學、明治大學法科畢業，臺中市樹仔腳農事小組合長，臺中厚生

信用組合專務理事、組合長，《臺灣新民報》顧問，1935 年官選臺中市會議員。
1951 年當選省議員，1954 年當選「國代」，1965 年創立樹德家政專門校。

　　林根生（1900～？），霧峰人，林熙堂長子，日本大學畢業，霧峰信用組
合，新光產業社長，大安產業監察役，林本堂產業株式會社董事，昭和興業
社社長。

　　林煥彩，龍井人，富豪之子。

　　林煥然，龍井人，富豪之子，社會教化委員。

　　林鳳麟（1908～？），1933 年畢業於九州島大學法文學部，任職於偽滿洲
國司法部，1946 年回臺灣。

　　林阿炳（1900～？），阿丙，北屯人，其兄為北屯莊長、街協、臺中州議
會員。東洋大學畢業，《臺灣日報》編輯，彰化銀行臺中分行經理，臺中圖書
館長。1941 年《興南新聞》整理部長、文化部長，國語（日語）普及部長。

　　林日差，臺中人，本姓王，日本大學醫科畢業，在烏日鄉開設長生醫院，
臺中縣醫師公會理事。

　　林元倉，元滄，霧峰人，東京醫科大學畢業，1936 年在霧峰開大安醫院。

　　林瑞嘉，霧峰人，信用組合長、實業家、莊協、林碧梧長子，早稻田大
學畢業，經營家族實業。

　　林瑞寶，霧峰人，林碧梧次子，東京醫專畢業，

　　林以德，霧峰人，林錦順次子，明治大學畢業。

　　林朝菘，南投人，伯父紹仁是富豪、保正。青山學院中學部畢業，保正、
街協、信用組合監事。

　　林朝槐（1889～？），竹山人，富豪、參事、區長、莊長、州協議會員林
月汀次子。慶應大學政治科畢業，莊長，信用組合理事，水利組合理事。

　　林建勳，竹山人，林月汀三子，成城中學肄業，竹山街協議會員。光復
後，竹山農田水利會評議員及委員。

　　林朝業（1913～？），員林人，父親林茂慈為臺中一中創校執行長，富豪。
崗山中學、九州島齒科醫專畢業，行醫，組織員林藝能隊，三青團臺中分團
長張信義派為員林區隊長。加入國民黨，林糊任員林郡守，二二八事變時，
任副鎮長，員林處理委員會副主委，張清柳任主委，勸止青年暴亂。

　　林朝權，員林人，林茂慈次子。日本體育大學畢業，世運會日本選手，
北師大體育系主任。光復後，回臺任臺省體育會任總幹事，辦省首屆運動會，

1947 年當選「國大代表」。回大陸任政協委員。

　　林朝棨（1910～1985），員林人，林茂慈三子，東北帝大理學博士，專攻地質學。到東北、北京等地任教。光復後，回臺協助洪炎秋接收臺中師範，後任臺大教授。

　　林朝楚，員林人，齒科醫大，省網球協會總幹事。

　　林春木（1902～？），烏日人，1932 年畢業於明治大學法學部，烏日莊名譽助役，信用組合監事，富豪。

　　林香珍，臺中人，東京家政學院畢業，光復後，任雲林縣議會議員，婦聯會主委。

　　林如梅（1899～？），臺中人，明治大學法科，實業經營、地主。1935 年民選臺中市會議員。

　　林葆家（1915～1991），臺中人，1935 年進入京都高等工藝學校窯業科專攻陶瓷，1940 年回臺灣創立明治製陶所，燒製日用陶瓷。光復後，任臺灣省長官公署日產接收委員會委員，省工礦公司苗栗陶瓷廠課長。1974 年在臺北開辦「陶林陶藝教室」，培養陶藝人才。

　　林有禮，臺中人，東京農業大學畢業，1966 年 1 月任臺中縣建設局長，1968 年任臺中市建設局長。

　　林有財，1928 年前後留學明治大學，參加東京留學生民族民主運動，左派。

　　林灑聰，臺中人，早稻田大學畢業，教師。1975 年任臺中縣教育局長。

　　林誌宏（1924～），臺中人，日本大學工業係畢業，臺灣三櫻電機股份有限公司副總經理，該公司 1968 年 2 月創辦，資本 30 百萬新臺幣，員工 249 人。

　　林滋培，臺中人，京都帝大法科畢業，常與洪壽南、蔡西坤、雷震等校友聚會。

　　林之助，臺中神岡人，莊長林全福之子。臺中師範教師，畫家。

　　林桂端（1907～1947），臺中神岡人，1932 年早稻田大學法學部畢業，文官高等試驗司法科考試及格，取得律師資格，執業於東京岩波法律事務所。1943 年回臺北開林桂端律師事務所。光復初，爲王添燈誹謗高雄市警察局長童葆昭一案辯護，二二八事變時失蹤。與陳炘、吳鴻麟、李瑞漢、吳金鏈、王育霖等人關係密切。

　　林秋錦（1910～2000），臺南人，1933 年畢業於東京上野音樂學校，參加臺灣文化協會主辦的鄉土訪問音樂團，省交響樂團指揮，臺灣師大音樂教師。

　　林秋梧（1903～1934），法號證峰，臺南市人，1930 年畢業於駒澤大學國漢專科。留學之後回臺南開元寺任教師兼書記，開設佛教講會，講授佛學哲學和日語。參加臺灣文化協會致力佛教改革，參加臺灣民眾黨。著有《眞心直說白話注解》、《佛說堅固女經講話》等。

　　林陳喜，1942 年畢業於駒澤大學佛專科。

　　林金蓮，1943 年畢業於駒澤大學佛專科。

　　林全忠，臺南人，鹽商林老火三子，京都帝大醫學博士，醫生。女婿陳由豪爲東帝士集團董事長。林家在臺南地區客運到地方金融有巨大的家族政經勢力，1970 年代初期發展成大型資本的林全福關係企業，後改名爲國際汽車關係企業。

　　林全義，林全忠兄弟，臺南市參議員，南區區長，省議員。

　　林全祿，臺南人，林全忠六弟。明治大學法學部畢業，兩任臺南市議員，第二、三屆臺南市省議員。

　　林全藻，臺南人，林全忠七弟，東京青山學院商科畢業，經營冷凍業。

　　林全興，臺南人，林全忠八弟，早稻田大學土木科畢業。臺南市議員、副議長、正議長。

　　林錫池（1918～？），臺南人，富家林全金長子。日本大學畢業，臺南市府土木課長。1951 年經商，臺灣可果美股份有限公司董事長，國貿公司董事長。參加工商協進會、「中日文化經濟協會」、亞洲問題研究會。

　　林錫山，林全忠之姪，1968 年到 1972 年當選臺南市長。

　　林清輝，臺南人，昭和醫專畢業，1958 年到 1981 年任臺南縣衛生院長、衛生局長。

　　林金鐘，臺南人，九州島帝大附屬醫學專門學校畢業，醫師考試合格。1955 年到 1962 年 4 月任臺南縣立醫院院長。

　　林水發（1925～），臺南人，東京農業大學畢業，大洋實業股份有限公司廠長。

　　林永賜（1920～），麻豆人，鎮長林書化之子。中央大學法科畢業，在日本、滿洲製紙公司工作，光復後回臺嘉義任糖廠課長。妻莊季春，藥劑師。

林恩魁，臺南人，東京帝大醫科肄業，二戰末期到偽滿洲國任職。光復後轉入臺灣大學繼續學習，畢業後入旗山醫院做醫生。白色恐怖時期因學術研究會案被關入綠島 7 年。

林嘯鯤，臺南人，早稻田大學畢業，回大陸，任國民政府軍委會國際問題研究所任專員，財政部紡織廠附屬機關工作。

林昆得（1922～），臺南人，日本工業電氣學校畢業，鴻興鐵線廠股份廠長，該廠 1960 年 12 月創辦。

林建文（1900～？），嘉義人，1926 年畢業於中央大學經濟科，臺中開林建築事務所建築設計。

林金標（1927～），嘉義人，設備工業專科學校設備本科。水泥製品業同業公會理事長。

林玉山（1907～？），原名英貴，嘉義人，1926 年到 1937 年留學日本，先後進入東京川端畫學校、京都堂本畫塾學習。創辦春萌畫院，執教書畫自勵會與墨洋社。中學、臺灣師範大學教師，推展臺灣省新美術運動。

林金生（1916～2001），新港人，東京帝大政治經濟科畢業，臺南縣民政課長，嘉義縣東石區區長，雲林虎尾區區長，淡江大學教師，嘉義縣長，雲林縣黨部主任委委員、縣長。「內政部部長」，「行政院政務委員」，「交通部長」，國民黨考紀會主委，「考試院副院長」，「總統府資政」，國民黨中評委。日本史專家。

林文樹（1909～？），嘉義人，1927 年畢業於東京名教中學，1930 年任嘉南大圳組合評議員，1937 年任嘉義市會議員，1939 年任《興南新聞》監事。戰後任嘉義市參議員，二二八事變發生時，與副議長潘木枝、市議員劉傳來、邱鴛鴦、陳澄波、盧鈵欽等人到嘉義水上飛機場談判，被扣押，旋釋放，但妹婿盧鈵欽被殺。

林新澤，嘉義人，九州島帝國大學醫學部畢業。光復後，進入哈佛大學公共衛生學院學習。1959 年 11 月任臺北結核病防治院長，1967 年任防癆局長。

林德欽，又名恭平，臺中人，東京第八高等學校、九州島大學法文部畢業，高等文官考試行政科及格。東京府書記，長崎縣政府會計課長，北海道廳拓民課長，新竹州產業部長，臺灣總督府儲金課長。

林德村，成城高校、東京帝大法學部畢業，文官高等試驗司法科考試合格，開業律師。

林水池，嘉義人，其叔林抱爲嘉義自動車株式會社社長。早稻田大學經濟科畢業，妻子朱秋瑾是朱江淮六妹。

林錦文（1921～1982），嘉義人，日本大學醫科畢業。

林錦東（1923～1977），南投竹山鎮人，京都臨濟學院佛學，在日本6年專研禪學，日據後期返臺，任臺中寶覺寺佛教專修道場教師，1945年任主持。著名的日式和尚、娶妻和尚。1950年籌設佛教刊物《覺生》，介紹日本佛教，鼓吹臺、日佛教交流。收集日人遺骸，受日人推崇。

林衡權（1907～？）南投人，中央大學預科、法學部、大學院，專攻經濟學。活躍於東京臺灣同鄉會，擔任常務理事。1935年進入《興南新聞》社會部服務，1938年升爲高雄支局長，後任臺南、臺中支局長。

林衡鈞，南投人，東京高等農業學校畢業，南投縣農林科長。

林玉秋（欽），南投人，東京帝大法學部畢業，1945年12月到1948年11月嘉義地方法院院長，宜蘭法院院長。

林洋港（1927～），南投頭社人，東京昌平夜間中學，臺北市長，省府委員，建設廳長，省長，「司法院長」等。

林汝木，彰化人，京都同志社中學畢業，1950年10月到1953年6月任彰化縣政府合作室主任。

林文章（1892～？），彰化人，名古屋商校畢業，製造業，市協，地主，1935年民選彰化市會議員。

林昭和，鹿港人，中醫林鴻源四子。二兄錫金爲臺中州民選州會會員。在上東京醫專時病死。

林維增，鹿港人，林鴻源五子。日本大學法律系畢業，鹿港中學教務主任，彰化精誠中學校長。

林錫奎（1901～？），彰化人，1926年畢業於明治大學，臺北港販賣米穀，組合評議員，1930年經營錦豐洋行。

林錦鴻（1905～1985），彰化人，1929年進入東京川端畫學校學習，參加六硯會，《臺灣新民報》社美術記者，到上海經商5年。戰後回臺灣，任鄉民代表等。

林添進，1927年前後在日本大學留學，1928年4月15日，上海法租界霞飛路的金神甫照相館樓上，舉行臺共成立大會，臺共成員林木順、翁澤生、林日高、潘欽信、陳來旺、張茂良、謝雪紅9人。8月，林木順、陳來旺、林

添進、何火炎、蘇新等人的東京馬克思主義小組就變成了日本共產黨臺灣民族支部東京特別支部。

林安福，宜蘭人，岡山縣有膜教員養成所，東南城業公司專員，教員，副鎮長，1951 年到 1958 年兩任蘇澳鎮長。

林澤源，宜蘭人，私立東北齒科醫專畢業，1973 年到 1985 年兩任民選五結鄉鄉長。

林才添，宜蘭人，日本中學畢業，會修業水利會主委，二任頭城鎮長，縣議員，縣議長，1960 年到 1964 年民選宜蘭縣長。

林壁輝（1904～1974），屏東林邊人，著名士紳林坤之子，日本南山中學、京都同志社大學畢業，莊協議會員，農事實行組合長，林邊信購利販組合理事，保正，東港殖產株式會社董事。光復後，當選高屏地區「國大代表」，到南京參加制憲國民大會，省參議員，省議員。

林耀輝，街協議會員、參事林拱辰之子，京都帝國大學畢業。

林以土（1893～？），宜蘭人，早稻田大學英法科、九州島帝大法文學部畢業，實業經營，宜蘭水利組合評議員，宜蘭街協議會員，宜蘭市會議員，宜蘭集和會社社長，參加臺灣青年會、臺灣議會請願運動。

林燈（1914～1992），宜蘭縣望族出身，1936 年日本三重高等農林學校畢業，返臺創辦日產石棉株式會社，專製石棉製品。1945 省府工礦處接收委員及監理委員，省營玻璃公司協理，1954 年當選臺灣水泥公司常務董事，創水泥製品，1969 年改組爲國產實業建設公司。股票 1978 年上市。國產實業建設股份董事長。國民黨第十二、十三屆候補中央委員。1988 年成立財團法人林燈文教公益基金會，提倡文教活動。

林炳章，字正章，新竹人，東北帝大畢業，日本文官高等試驗考試合格。1948 年歷任新竹市民政科長、民政局長。1973 年 2 月任縣府主任秘書。

林清安（1911～？），竹南地主家庭出身，岩手醫科大學東京帝大畢業，神經過敏科博士。開診所，和李瑞漢兄弟熟悉。

林一（1923～），竹南人，在東京讀小學、中學，林清安長子。隨母蔡娩在日本讀書。

林乙垣，日本大學專門部畢業，在參加東京留學生民族民主運動。

林錫欽（1919～？），彰化人，明治大學經濟科畢業，三永紡織股份有限公司總經理。該公司 1969 年創立，資本 96 百萬新臺幣，員工 580 人。

林雲南（1920～），新竹人，日本彥根高等學校專科，新竹汽車客運公司副總經理，1919 年 9 月創立，資本 60 百萬新臺幣，員工 1511 人。

林柑（1904～？），新竹人，1933 年畢業於東京女子醫專，隨後進入東京泉橋病院，實習約 2 年，1935 年於現址開設醫院，專看小兒科、內科。丈夫吳金柚，法學士，振泰合資會社經理。

林松生，新竹人，1928 年進入東京醫專學習。

林再春（1925～），雲林人，麻布大學獸醫學博士，光復後，在「農復會」、「農發會」、「農委會」任職。

林仲澍，早稻田大學理工科，參加東京臺灣青年會，為骨幹人物之一。

林耀明（1894～？），屏東人，東洋商校畢業，實業經營，助役，市協。

林才壽（1926～），溪湖人，日本航空學校，服役半年，兵長，1946 年回，國校教師。1947 年 3 月 3 日被推為溪湖青年自衛隊長，支持臺中民眾武裝攻打國軍。

林裳，1928 年前後留學日本大學，參加東京留學生民族運動，左派。

林庚申，彰化人，日本明治大學畢業，1947 年 4 月 11 日任嘉義市警察局長。

林連宗（1905～1947），彰化人，中央大學預科、法學部，1930 高考司法科合格，臺中開業律師，臺中州律師公會會長。1945 年 9 月 15 日三青團臺中分團籌備處成立，張信義任團長，林連宗任第一區隊長。1946 年當選省參議員，質詢嚴厲。17 名「制憲國代」之一，省律師公會理事長，事變時任「二二八事件處理委員會」常務委員，被殺。

林某某（1924～），彰化人，父親林麗明，母蔡素女曾任省婦女會理事長和國民黨中評委。靜岡高等學校畢業，東京帝大醫學部學習一年後轉臺大醫學系二年級。臺大高雄醫學院教授。

林伯可，北斗人，京都帝大畢業，臺東廳課長，臺灣工礦公司。

林伯殳，北斗人，父慶岐生員、堡長、參事。東京專修大學經濟科，大城莊田尾莊長，實業家。

林石城（1912～1995），屏東人，1937 年畢業於中央大學法學部，《臺灣新民報》屏東支局長，《興南新聞》屏東支局長，屏東郡守，區長。光復後，革命實踐學院 11 期黨政軍 45 期，屏東縣議會議長，縣長，省府委員，高雄縣代縣長。

林育兆（1922～），彰化人，中央大學畢業，泰安紡織股份有限公司財務經理。

林炯明（1924～），彰化人，早稻田大學畢業，中國電器股份有限公司國外部經理。

林善德，武藏野音樂學校，參加臺灣文化協進會主辦的音樂會演出。

林秀棟，日本某大學物理科，中興大學數學教授，1949 年被判刑 7 年。

邵羅輝（1919～1993），臺南人，東京帝國影劇學校學習編導，1958 年返臺組織梅芳玉劇團演出國語劇及都馬劇團演唱歌仔戲。後從事電影導演，先後執導《六才子西廂記》、《西北雨》等。

邱水波（1921～），日本錦城中學畢業，廣大飼料公司經理。

邱德金（1893～？），豐原人，1937 年畢業於東京帝國大學，醫學博士，在基隆開業愛德醫院，基隆市參議員，臺大醫學院教授。臺灣文化協會理事，臺灣議會期成同盟會理事，臺灣民眾黨中常委，1923 年任臺灣議會設置請願運動代表。1935 年民選基隆市會議員。戰後任基隆市參議員。

邱賢添（1901～？），苗栗人，1934 年畢業於京都帝大，醫學博士，1937 年臺北帝國大學醫學部教授。1942 年返鄉開業。光復初，負責接收全臺原臺灣總督府府立醫院。高雄醫學院附屬醫院院長。

邱金昌，麟洛人，1942 年畢業於京都兩洋中學，高雄中學書記兼辦事務，光復初學校剩下兩個臺籍老師，另一個畢業於日本物理學校。

邱永漢（1924～），炳南，臺南人，父親爲日本人。東京帝國大學經濟部畢業，戰後回臺灣。1948 年逃香港，1954 年移民日本。文學家。著有《我的青春*臺灣　我的青春*香港》等。

邱鴻章（1923～），新竹人，長崎藥專藥學系畢業，光正股份有限公司總經理，該公司 1955 年 10 月創辦，資本 30 百萬新臺幣，員工 60 人，生產硫酸等。

邱玉雲，新竹人，東京中野音樂院畢業，林瑞漢妻子。

邱堃熨（1923～），高雄人，日本新宿工業學校，1946 年在東北參加國民黨軍。

邱南鄙（1922～），彰化人，早稻田高等工校機械，唐榮鋼鐵工廠耐火材料廠廠長。

邱貴發，新竹人，中央大學法學系畢業，1946 年參加國民黨軍。

邱晨波，畢業於明治大學，臺灣革命同盟會會員。

邱錦鄧，臺南東山人，在日本讀中學。

邱登科，1938 年畢業於中央大學法科。

楊長鯨。

楊維命，《臺灣青年》編輯。

楊境秋（1926～），彰化人，東洋高等工業學校畢業，1946 年在東北參加國民黨軍隊。

楊嵩山（1926～），高樹人，宮崎縣立都城中學畢業，屏東明正中學教師，高樹、中正、潮州等中學校長，縣黨部評議員，地方黨部常務委員。

楊友濂（1906～2000），筆名雲萍，士林人，父親楊敦謨是公學校校醫、士林區街長。日本大學文學部預科、東京帝國大學畢業，臺大歷史系教授，《民報》主筆，省長官公署參議，省編譯館編纂組主任，《臺灣風物》主編。著有《山河集》、《開戰前夜之東京》、《臺灣史上的人物》、《南明史研究》等。

楊文魁（1919～？），字文羊，臺北人，日本大學法文學部法律科，在東京創辦媽咪本鋪株式會社，日華僑總會副會長，留日同鄉會長。

楊軒，中央大學畢業，1947 年 4 月任糧食局花蓮事務所長。

楊照雄（1922～），臺北人，松元醫科大學醫學博士，臺大教授，衛生署預防醫療研究所所長。

楊佐三郎（1907～1995），原名楊三郎，大稻埕人，京都關西美術學院畢業，1929 年回臺設立春陽會，組臺陽美術協會，遊歷歐洲。李登輝妻子曾文惠的表哥。

楊三郎（1919～1989），本名楊我成，永和人，1937 年留日學習作曲，1944 年到哈爾濱元祿夜總會工作。返臺後，於臺灣廣播電臺表演。1952 年組織黑貓歌舞團。著有《望你早歸》、《孤戀花》、《黃昏再會》、《港都夜雨》、《秋怨》等。

楊金虎（1898～1990），別號宗勳，臺南歸仁人，莊長、州協、信用組合長楊秋澄之子。日本醫科大學、東京帝大研究，返臺開高雄仁和醫院。皇民奉公會生活部長，1935 年民選高雄市會議員，《新民報》顧問。光復後，高雄促進會主委，《新報》董事，民社黨中常委及省黨部主委，1968 年到 1973 年任高雄市長，「國大代表」。著有《七十回憶》，1990 年出版。

楊超雄（1921～），臺南歸仁人，楊金虎長子。東京帝大法學，高雄信託、

貿易公司總經理，著有《國父與蔣總統的偉大》等。

楊金木，臺南人，慶應大學畢業，1946 年 1 月任臺南縣北港區署區長。

楊三紳（1925～），臺北人，明治大學商學系畢業，聯合船務代理股份有限公司副總經理。該公司 1970 年創立，資本 16 百萬新臺幣，員工 96 人，董事長林柏壽。

楊承基（1888～？），溪洲人，明治大學畢業，《臺南新報》記者。

楊華玉，東京帝大法科畢業，黃逢時女婿。

楊清溪（1908～1934），左營人，父親是生員、豪農、莊長。明治大學商科肄業，立川飛行學校畢業，楊肇嘉資助買飛機作鄉土訪問飛行，1934 年 10 月 17 日從臺北到屏東臺中，人機具毀。

楊仲鯨（1898～？），原名小海，字臺嶺，高雄人，生員、豪農、莊長鴻恩次子。1913 年中學畢業，轉學到福州鶴嶺英華書院，曾組織同學反日，日本警察要抓他，他逃到美國留學卡羅來納大學礦冶系，實業家，1950 年 10 月當選花蓮縣長。光復後第一位民選縣長。

楊澄海，高雄人，愛知縣醫科大學博士，1954 年 4 月～1958 年任高雄縣立鳳山醫院長，岡山醫院長。

楊凱雄（1917～1965），教師楊振福之子。煉油廠員工。二二八事變中被捕，判刑 2 年。

楊肇嘉（1892～1976），清水人，父楊澄若大地主。東京京華商業學校、早稻田大學政治經濟畢業，清水公學校教師、清水街長 5 年。參加臺灣議會設置請願運動，臺灣民眾黨駐日代表，臺灣地方自治聯盟常務理事。1941 年到上海經商。戰後任臺灣旅滬同鄉會會長，省府委員，民政廳長等。積極贊助音樂、美術、雕塑體育、飛行等事業。著有《楊肇嘉回憶錄》，臺北，三民書局 1967 年出版。

楊緒州，臺中清水人，楊肇嘉家族。1909 年前後留日。

楊基振，清水人，楊肇嘉堂侄，早稻田大學畢業，南滿鐵道會社民間鐵路委員會副主任委員。

楊天錫，清水人，楊肇嘉之弟，京華中學畢業。

楊基森，清水人，楊肇嘉之子。東京京華商校畢業。

楊基業，清水人，楊肇嘉侄子。1926 年到東京黑田小學讀書。兩年後病死。

楊緒恭，1909 年前後留日。

楊天賦（1900～？），字耀榮，清水人，父親楊澄若是輕便鐵路公司董事。1928 年去日本大學政治科讀書，與其兄楊肇嘉一起參加臺灣文化協會。回臺後，清水信用組合理事，清水街協，臺中州會議員，奉公會大甲郡支會參與。光復後，清水鎮鎮長，省參議員，彰化銀行監察人。

楊基先（1902～1961），清水人，1928 年畢業於日本大學法律科，高等文官考試司法科合格，清水街役場書記，臺中開業律師。1951 年 1 月當選首屆臺中市長，彰化商銀常務監察人。

楊景山，彰化銀行董事楊偉修長子。早稻田大學政經科畢業，《臺灣新民報》支局長，《興南新聞》販賣部長。

楊基銓（1918～？），清水人，楊肇嘉堂侄。1940 年畢業於東京帝國大學，1940 入拓殖省 1941 年宜蘭郡守。文官高等試驗考試行政科合格，殖產局農務課事務官。光復後，臺北市府秘書，農林廳科長，臺北市建設局長，「經濟部次長」，土地銀行與華南銀行董事長。1997 年成立國際文化基金會，舉辦研討會和在報上呼籲「臺獨」。

楊天賦（1901～？），清水人，1928 年畢業於日本大學政治經濟科，大東信託株式會社經理，水利組合評議員，街協議會員，信用組合理事，臺中州會議員。

楊逸民（1909～1987），原名杏庭。臺中梧棲人，東京高等師範學校、東京文理科大學哲學系畢業，1932 年取得日本高等學校教授資格。1940 年到 1945 年歷任南京中央大學教授、浙江大學任教、國民政府內政部常務次長、教育部編審委員。1950 年回臺，1951 年競爭臺灣省教育廳長失敗，乃去東京大學東洋文化研究所攻讀博士。由於抨擊國民黨政府，被列入海外學者黑名單中。參加「臺獨」活動，著有《臺灣的今昔》、《緬甸戰線從軍記》、《蔣介石評傳》等。認為自己一生最得意的發明是歷史周期法則論。

楊厚道（1922.9～），臺中人，東京工業職校畢業，1961 年創立的南泰企業股份有限公司副總經理。

楊基炘（1923.11～），臺中人，日本外語上智大學畢業，永輪工業股份有限公司董事長，該公司 1972 年 9 月創辦，資本 8 百萬新臺幣，員工 85 人。

楊金源（1926～），臺中人，日本軍校，高雄海兵團擔任海兵教官，光復時歡迎國軍進駐花蓮。

楊慶豐，1930 年參與組織臺灣理工學會。

楊貴（楊逵）（1905～1985），臺南新化人，日本大學專門部文學藝術科（夜間），左翼作家。參加東京臺灣青年會社會科學研究部等。1927 年應農民組合之召參加農民運動，先後兩次被捕。《臺灣文藝》編輯，成立臺灣新文學社，發行《臺灣新文學》。光復初在臺中發行中日文的《一陽周報》雜誌，介紹孫中山的生平和學說。1949 年發表《和平宣言》，主張和平解決國共內戰，被國民黨判刑 12 年。

楊傑樵（1909～？），東京商大，亞洲石棉公司董事長，該公司 1970 年創辦，資本 40 百萬新臺幣，員工 83 人。

楊必得（1900～1933），臺南人，秀才楊鵬摶長子。京都帝大法科畢業，臺南市議員。臺南市首位律師。

楊燧人（？～1950），臺南人，楊鵬摶次子，1923 年畢業於東京醫專，任職偽滿洲國大連博愛醫院、哈爾濱中華醫院。大亞洲主義者，在大連有八九棟別墅。

楊蘭洲（1907～？），字芳時，臺南人，楊鵬摶三子。1932 年畢業於東京商科大學，偽滿洲國務院法制局任職，偽滿洲國產業調查局長椎名悅三郎、經濟部次長岸信介是其上司。許丙作媒娶滿洲皇宮尚書府秘書官蔡法平之女蔡啓怡。1945 年日寇投降後，滿洲臺灣人組織東北同鄉會，任會長。1950 年 2 月任臺北市工務局長，臺灣水泥公司總務部經理，基隆煤礦董事長。

楊玉女，大內莊人，父楊雲祥是大地主，信用組合長。東京女子醫學專門畢業，臺南慈惠院醫生，大內懸壺醫院醫生，臺南縣農會理事長，四屆縣議員。

楊金枝，大內莊人，楊雲祥女兒，東京女子醫專畢業，東京贊育會醫院醫員，臺南新樓醫院醫生。

楊熾昌（1908～1994），筆名水蔭萍、南潤，臺南市人，東京文化學院畢業，《臺灣日日新報》、《臺灣新生報》記者。《公論報》臺南分社主任。創辦臺南扶輪社，出社刊《赤嵌》。超現實主義的詩人，出詩集《熱帶魚》。二二八事變時在臺南出版日文《新生報》號外，被捕。

楊世英，彰化人，父親楊吉臣為保良局長、參事、區長、街長、總督府府評議會員、富豪。農科大學畢業。

楊景山（1906～？），彰化人，楊吉臣之孫。1932 年畢業於早稻田大學政

經科，《臺灣新民報》社臺南、臺中、彰化支局長。《興南新聞》販賣部長，1942 年兼地方部長。

楊克培（1897～？），彰化人，地主家庭出身。明治大學畢業，1930 年與謝雪紅在臺北市開辦國際書店，專賣左翼書刊。臺灣文化協會中央常設委員，中共黨員，楊克煌堂兄。

楊木（1898～？），彰化人，東京醫專畢業，臺中醫院、彰化醫院醫生。

楊老居（1899～？），彰化人，東京醫專畢業，臺灣文化協會中央委員，1935 彰化市會議員，開辦礦溪醫院。

楊松茂，彰化人，參加彰化新劇社，傾向於無政府主義。

楊某某（1921～？），宜蘭三星人，地主楊佳歌之子。三姐楊純。

楊某某（1923～），宜蘭三星人，楊佳歌之子。

楊英風（1926～1997），宜蘭人，東京美術學校建築系肄業，農復會《豐年》雜誌美術編輯。景觀雕塑與環境設計專家，1966 年獲臺灣十大傑出青年。著有《景觀與人生》等。

楊阿壽，基隆人，日本大學齒科畢業，留學時與黃朝琴、游彌堅、連震東等認識。光復後任基隆市議會副議長。

楊金波（1920～），基隆人，楊阿壽長子。日本大學齒科畢業，和興里長，父子和其它 10 人歡迎國軍。二二八事變時被抓。

楊椅楠（1922～），新竹人，明治大學商科畢業，王田毛紡股份有限公司副總經理，1955 年 8 月創立。

楊菘山，雲林人，中央大學法學部畢業，1956 年 4 月到 1963 年 12 月雲林縣民政局長，檢核室主任。經濟農場場長。

楊進順（1912～？），屏東人，1937 年畢業於大阪帝大工學部，光復後回臺公署交通處技師，臺大教授。

楊水中，1939 年畢業於駒澤大學人文學科。

楊聲啍，1940 年畢業於駒澤大學地理科。

楊日松，臺北人，留學日本學醫，臺灣著名法醫。

范炳耀，新竹人，父親范寶勳是法院通譯、實業家、市協、州協。京都帝大法科畢業。

范文龍（倬造）（1913～1977），竹東人，范火春養子。東京美術學校雕塑科畢業，新竹中學教師，參加二二八事變，因避禍躲入日僑營房而被遣返

日本，1955 年 12 月又被日本遣返大陸。在中央美院、廣西美術學院教書。

范祥安（1922～），新竹人，歧阜藥科大學畢業，1943 年去東北三共株式會社撫順工廠，1946 年回臺，自營樂安大藥房，1956 年當選臺北市藥師公會理事、理事長，創設好漢賓、祥源、臺灣山之內等製藥公司。

范本梁，鐵牛（1897～1945），嘉義人，青山學院、茨城縣土浦中學、上智大學畢業，無政府主義者，1924 年與許地山組織「新臺灣安社」。創刊《新臺灣》，鼓吹暴力驅逐日本殖民者，1926 年 7 月在家鄉被捕，1945 年死於獄中。

范滄榕（1919～1947），宜蘭人，1942 年畢業於東京齒科部畢業，在日本當半年老師，高雄開設高島牙科診所，兄王金茂爲基隆醫院院長。

范滄田，宜蘭人，宜蘭醫院院長。

鄭松筠（1891～？），號雪嶺，豐原人，1919 年畢業於明治大學法學部，1922 年通過律師考試，次年回臺做律師。參加新民會、臺灣文化協會、臺灣地方自治聯盟。《臺灣民報》社監察人。1936 年與林德林、林澄坡發起創立「佛校正信會」。

鄭澤生，臺北人，熊本大學醫學部畢業，醫學博士。醫生，臺大兼職教授。

鄭滄國，臺北人，神學校畢業，基督教長老教會牧師，參加 1929 年的新人運動。

鄭清火，臺北人，日本洋裁學校畢業，著有《雅美洋裁實範》等。

鄭金松（1924～），臺北人，京都醫科大學肄業，高雄醫學院內科主任教授，國際胸腔病學會正式會員。

鄭溪圳（1929～），臺北人，日本東山中學畢業，臺榮產業有限公司協理。

鄭津梁（1910～1989），斗六人，祖父鄭芳春是秀才，法政大學畢業，常民美術等，與日本文學家西川滿關係密切。收藏日臺文物，研究文史。著有《鄭津梁的日本見聞錄》。

鄭泰安，臺南人，九州島帝大附屬醫學專校畢業，1955 年 2 月至 1961 年任高雄市衛生院長。

鄭西源（1918～？），臺南人，中央大學畢業，可果美股份有限公司副經理。

鄭天水，臺南東山人，1935 年在日本讀中學。

鄭瑞麟，嘉義人，過繼給鄭家。王得祿孫。娶臺南楊藍水。東京商業大學畢業，就職滿鐵。戰後任職於臺灣省合作金庫。

鄭璽華，嘉義人，中央大學畢業，1948 年 5 月任基隆市地政科長，1950年 3 月卸任。

鄭克堂，嘉義人，日本法政大學畢業，1948 年 8 月任臺南縣政府人事室主任，1950 年後先後任嘉義市政府人事室主任、嘉義縣政府人事室主任。

鄭彰義（1918～？），嘉義人，醫學博士，在東京三埔開業，許常美之夫。

鄭瓜瓞，嘉義人，京都帝大經濟科畢業，1946 年考作臺電職員。

鄭品聰（1902～1972），臺東人，1922 年畢業於東瀛皇漢醫學院，德和堂中藥房。地下抗日，負責花東地區接收工作，1945 年 11 月任三青團花蓮分團幹事長，首屆省參議員，「立委」。

鄭肇基，新竹人，1823 年進士鄭用錫後人。父親鄭神寶有地千頃。新竹首富，保正，州協，臺灣總督府評議員。

鄭大明（1900～？），新竹人，鄭肇基弟弟。小學中學，同志社大學畢業，1935 年民選新竹市會議員，信用組合監事，保甲聯合會長，商工協會理事。

鄭鴻源（1905～1980），新竹人，名詩人鄭登瀛三子，出嗣鄭肇基為長子，1931 年畢業於東京帝國大學法科。臺灣總督府殖產局官員，州會議員，保甲協會副會長，經營船舶、木材、棉布、海外貿易等。大公企業常務董事。東華合纖股份有限公司廠長，新竹觀光協會理事長。1960 年當選新竹縣轄市第四屆民選市長，國民黨臺灣省黨部經濟事業委員會委員。

鄭薇郎，新竹人，鄭鴻源之弟，慈惠醫大畢業，醫師。

鄭森淵，新竹人，日本麻布獸醫畜產學校，1950 年任獸疫血清製造所所長。

鄭永樂，屏東人，1929 年去日本留學，熊谷陸軍飛行學校畢業，參加日軍。

鄭進福，宜蘭人。

鄭昌英，1920 年在東京參加東寧學會。

柯子彰（1910～2002），臺北人，同志社中學、早稻田大學商科畢業，早稻田大學橄欖球隊主將，該隊取得全日本大學冠軍。畢業後到「滿鐵」任職。回臺後，在鐵路局任職。推廣橄欖球運動。

柯設偕（1900～1990），淡水人，著名傳教士馬偕的外孫。1919 年到 1924

年在日本留學，同志社中學、京都帝國大學史學科畢業，畢業後返臺任教淡水中學，1938 年淡水中學被迫交給日本校長，乃辭職。1966 年發起成立淡水工商管理學校。

柯政和（1889～1979），原名柯丁丑，新竹人，1915 年畢業於東京上野音樂學校，總督府因其音樂天才而派遣公費留日。到北平師範大學任教。日軍佔領北平後出任僞組織新民會副會長。以漢奸罪入獄，1949 年獲釋。

柯文談（1928～），高雄人，日本練眞中學畢業，光陽股份有限公司經理。

柯明珠，1929 年畢業於日本音樂學校，女高音歌唱家。臺南長老教會中學教師，策劃電臺音樂，演唱臺灣歌謠。

柯賢明，高雄人，日本大專學校畢業，左營煉油廠機械主管，二二八事變時被捕。

柯賢生（1924～），臺南人，東京醫學院畢業，僑新企業總經理，1957 年 12 月創辦，資本 15 百萬新臺幣，工人 125 人，人造絲花。

柯秋潔（1872～？），臺北士林人，1895 年 11 月與朱俊英隨伊澤修二去東京留學幾個月，開留學日本的風氣，日語教師。著有《臺灣四十年回顧》，1936 年在臺北出版。

柯文德（1897～？）臺北士林人，柯秋潔之子，1931 年畢業於拓殖大學。臺電株式會社職員，臺灣電力公司協理。

柯文質（？～1944），臺北人，柯秋潔侄子，專修大學政治經濟科畢業，在日期間，參與《臺灣青年》雜誌社，參加臺灣文化協會、臺灣民眾黨的活動。1932 年任《臺灣新民報》會計主任。1940 年回大陸，死於汕頭。

柯丁選，花蓮人，九州島帝國大學醫學科畢業，門諾醫院醫生，花蓮中學教師，第四五屆民選花蓮縣長，臺灣省建設廳長，省府委員。

柯丁立，1908 年到日本留學，上野音樂學校畢業，畢業後回大陸。

柯康德，早稻田大學畢業，臺灣革命同盟會會員。

柯吟芳，留日學習舞蹈。

柯永昌（1900～？），臺中清水人，柯梓暇的長子。東京醫學專門學校畢業，回線西莊開業，並擔任同莊的協議會員及校醫，1934 年到清水街開業，被選爲街協議會員、相關委員。

趙秀峰（1920～），臺南人，日本琦玉高中畢業，味王股份有限公司經理，該公司 1959 年 7 月創立。

趙承琛（1921～），東京帝國大學畢業，教授、化學家。

洪禮錠（1915～？），臺北人，東京研數學館南方經濟科肄業，華興行行東。市參議員。

洪禮修（1884～1937），淡水人，1905年去東京帝大學習農學，國語學校教師，福州農林學校教師。福州南國公司買辦，福州臺灣公會第二任會長，福州製幣局監察員。

洪長庚（1893～1966），萬華人，詩人、秀才、參事、區長、街長、州協洪以南之子。小學、中學、大阪醫大眼科、東京帝大畢業，1929年在臺北開達觀眼科醫院。光復後，任臺北市醫師公會理事、監事等職務。臺灣第一位眼科博士。

洪我鈞，臺北人，洪以南次子，大阪醫科大學畢業。

洪瑞麟（1912～1996），1930年到1936年在日本留學，川端畫學校、帝國美術學校西畫科畢業，瑞芳礦場管理員、礦長。參加臺北大稻埕繪畫研究所。戰後任教國立藝專美術科。

洪榮華（1902～1974），高雄路竹人，日本第八高等學校、東京帝大農業經濟科畢業，臺灣總督府地方技師，服務於臺南、高雄。光復初為高雄州接管委員會產業部長，1946年1月任高雄縣建設局長，1951年當選高雄縣長。地方派系「紅派」首領。

洪榮國（1919～？），高雄人，東京農業大學畢業，臺灣菠蘿股份有限公司副總經理，1955年9月創辦，罐頭公會理事。

洪四川（1920.10～），高雄人，日本東京高工畢業，東利建設開發股份有限公司董事長。參加國際獅子會、企業經理協會。

洪有達，高雄人，京都府立醫科大學畢業，陳啓川次女婿。

洪景川（1921～），鹽埕人，早稻田大學畢業，鹽埕區公所職員，二二八事變時被殺。

洪天時，高雄人，1962年初，參加高雄市省議員選舉，受島外「臺獨」思想影響，在選舉時用「黃虎旗」作為競選旗幟，宣揚滿清政府無能，拋棄臺灣，臺灣是亞洲第一個建立民主共和國的。還用臺灣地位未定論暗示國民黨在臺灣不符合「國際法」。最後被判12年。

洪耀德，京都帝大醫學部，1957年2月任錫口療養院長。

洪耀勳（1903～？），草屯人，教師、區長洪清江之子。東京帝大文學部

哲學科，北師大教授，臺大教授。著有《存在與眞理》。

　　洪振祥（1921～），臺中人，東京電機高等工業學校畢業，金泰山鋼鐵股份有限公司副總經理，1969 年 2 月創辦，資本 65 百萬新臺幣，員工 153 人。

　　洪耀洲（1926～），臺中人，近畿大學法律系畢業，三越紡織工業股份有限公司總經理，該公司 1970 年 1 月創辦，資本 137 百萬新臺幣，員工 866 人，參加扶輪社。

　　洪金龍（1924～），臺南人，東京智山中學畢業，新進工業公司董事長。中小企業協會、塑料公會、車輛公會會員。

　　洪遜欣（1914～1981），南投草屯人，廩生之孫，南投辦務署參事、莊長、臺中州協議會員、首屆「國大代表」洪火煉之子。東京帝大法科畢業，臺大教授，1976 年 9 月出任「司法院」第四屆「大法官」。著有《法理學》、《中國民法總則》等。

　　洪樵榕（1921～），草屯人，洪遜欣二弟。東京高等師範研究科畢業，臺中一中教師。光復後，任屏東女中、員林中學校長，救國團彰化支隊副支隊長，1957 年當選南投縣長，連任到 1964 年。1965 年入「國防研究院」第 7 期，省議會秘書長，省文獻會主委。

　　洪柳升，草屯人，洪遜欣三弟，早稻田大學畢業。

　　洪壽南（1912～1997），草屯人，京都帝大法學部畢業，日本官高等考試司法官考試及格，京都地方裁判所判事、臺南地方法院判官。1945 年全力協助接收臺南地方法院系年底升爲臺南地方法院院長。在二二八事變中表現好而陞官。臺北地方法院推事、庭長，臺灣高等法院推事，高雄地方法院院長，臺南地方法院院長，新竹法院院長，高雄醫學院董事會董事長，臺灣高等法院首席檢察官，臺灣高等法院院長，「司法院副院長」，國民黨中常委，「總統府資政」，「國家建設研究委員會委員」，「國安會政治組主任」，「國家建設研究委員會主任委員」，「中央選舉委員會委員」。

　　洪金南，南投人，熊本醫大附屬醫院專門部，1948 年醫師考試合格，1950 年 10 月到 1958 年 10 月任南投縣衛生院長，縣立醫院院長。

　　洪其中（1927～），草屯人，京都中學畢業，草屯山林管理所職員，二二八事變中制止國軍拉糧被打，警察局辦事員。因山地武裝組織草屯案被捕。

　　洪踵銓，彰化人，東京農業大學畢業，1962 年 11 月任蠶業改良場長。

　　洪炎秋（1902～1980），鹿港人，洪棄生之子。正則預備學校、茌原中學

畢業，回北平任教北京大學等學校，1969 年當選「立法委員」，著有《閒人閒話》、《廢人廢話》、《又來廢話》等。

洪順孝（1918～1962），馬公人，早稻田工手學校畢業。1950 年起服務於民防及地方自治，澎湖縣政府自治指導員 2 年，1956 年當選第三任馬公鎮長。1960 年 1 月連任第四屆。

洪萬（1919～？），苗栗人，大阪鐵工養行所，1960 旅居日本。大阪華僑會長，國民黨十一大代表，「日華親善協會」常務理事。

洪丁壬（1914～1972），水林人，在日本半工半讀高中。保甲書記長。1950 年水林鄉民代表會主席，雲林縣三、四、五屆議員，1953 年當選雲林縣議會副議長。

洪調水，東京醫專畢業。

饒維岳（1903～1964），竹南人，名古屋第八高等學校、京都帝國大學法科畢業，1929 年 12 月通過高等文官司法科考試。1932 年，任東京地方裁判所判事，臺北地方法院判官。光復後任臺中地方法院法官。

殷占魁，新營人，日本櫪木縣師範學校本部第二部，鹽水港公學校教師，後壁莊副莊長。1926 年 10 月當選菁僚第一保正及京僚保甲聯合會長。1927 年 10 月，擔任後壁莊協議會員。1929 年 3 月擔任菁僚信用合作社理事。1932 年 7 月被選爲專務理事，致力經營合作社。1936 年 11 月當選州第四區議員。

駱萬富，基隆人，日本大學商科，屏東縣、高雄縣稅捐稽徵處長。

駱好清（1898～？），早稻田大學電機科，臺灣電力株式會社職員。光復後，臺電高雄管理處接收委員、電務組組長。二二八事變時在路上被誤殺。

駱先春（1905～1984），淡水人，神戶中央神學院，臺北神學院推薦留學。到臺東山地傳教 20 年。

侯永都（1923～？），臺南人，早稻田大學商科畢業，臺南紡織股份有限公司副總經理。新復興公司董事長該公司 1963 年創辦，資本 99 百萬新臺幣，員工 450 人，繡花。

侯政庭（1924～），嘉義人，產業能率大學畢業，中學教員，東和鋼鐵企業股份有限公司董事長，該公司 1962 年 5 月創立，資本 150 百萬新臺幣，員工 315 人。

侯明輝（1905～？），彰化人，東京醫專醫科畢業，鹿港鎮民選第三屆鎮長，臺中縣參議員，鹿港鎮民代表會主席，鹿港合作社理事、主席。

　　涂昌盛，澎湖人，東亞商業學校，1958 年 8 月任屏東縣府主計室主任。

　　胡槐德，宜蘭人，宜蘭醬油株式會社社長、羅東街協議會員、總督府紳士章獲得者、州稅調查委員胡慶森之子。東京自動車學校、東京簿記學校畢業，羅東街西町青年團團長，羅東街協議會員。

　　胡懷江，宜蘭人，胡慶森次子，留日學醫，醫生。

　　胡先德（1922～），東石人，埼玉高等工科肄業，參加日軍。

　　胡能奮（1921～），高雄人，中央大學經濟系畢業，1946 年參加國民黨軍隊。

　　姜阿新（1910～？），北埔人，1932 年畢業於明治大學法律科，北埔莊茶葉合作社專務理事，北埔信用合作社理事，1932 年 10 月擔任北埔莊副莊長，後來辭去公職，經營內外大坪五百甲的造林事業，擔任北埔莊茶葉合作社專務。

　　姜瑞鵬（1905～？），北埔人，出生於望族，父親姜榮華。東京二中、上智大學哲學系畢業，北埔莊協議會員，回臺後理自家產業。

　　姜文海（1925～），臺北人，東京大學畢業，國產實業建設股份樹林廠廠長。

　　歐清石（1898～1945），字寓浪，澎湖馬公人，1930 年畢業於早稻田大學，1931 年日本文官高等考試行政司法科及格。在臺南開業律師，1936 年當選臺南市會議員。不與日本人合作，為總督府所忌。1941 年被懷疑與郭國基等人秘密引中國軍隊登陸，1942 年被判無期徒刑，1945 年 5 月在臺北監獄中被美飛機炸死。

　　歐陽兆和（1919.5～？），臺北人，京都大學醫學博士，臺大教師，1984 年當選「中研院院士」，「教育部」學術審議委員會委員。

　　歐陽兆熊，嘉義人，東京醫學專門學校畢業，1966 年 1 月到 1972 年，任高雄縣立岡山醫院院長。

　　施碧霞，士林人，在日本讀小學、中學。海達之妻。

　　施炳訓（1894～？），士林人，京都兩洋中學、立命館大學法律畢業，1917 年臺灣普通文官司法科考試合格，新高銀行書記、萬華支店長。1929 年日本高等文官考試法律科合格。回臺北開業律師。光復後擔任宜蘭地方法院院長。

　　施性瑟（1896～1974），鹿港人，東京明治中學畢業，天后宮、大媽會理事、保正、街協議會員、壯丁團長。光復初任歡迎國府委會委員。鎮調解委

員會主席，龍山寺、城隍廟、天后宮等管理委會主委。彰化縣二三屆議員，鎮民代表等。

施璿璣（1905～？），醫科大學畢業，醫生，臺灣醫師會會員。林培英妻。

施水連（1906～1996），鹿港人，京都帝國大學法科畢業，鹿港漁業組合長、保正、警防衛團長。光復初，應長官公署重要物資局局長於伯奎之邀協助接收，隨後任物資局臺中辦事處主任多年。後任高雄醫學院總務長。臺省律師公會主任秘書。

施廉（1900～1967），鹿港人，早稻田大學肄業，教師。

施學習（1904～1995），鹿港人，日本大學師範部畢業，《福爾摩沙》同仁，《臺灣新民報》漢文編輯。著《中國韻文發展概要》，光復後，臺北市立大同中學教師，延平學院教授，女子中學校長。創辦維新書局和鹿港文教基金會，《白香山之研究》獲日本文部省獎。

施讓甫（1900～1967），鹿港人，早稻田大學肄業，回臺教漢文，大成中學教師。

施文雄，父親為六甲莊莊長、公醫。

施子文，鹿港人，丈夫林錫金。東京醫專畢業，醫生，臺中市衛生局長。

施加星（1922～），屏東人，日本紅療專門學院畢業，崇友實業有限公司高雄分公司經理。

施江南（1902～1947），鹿港人，父親為秀才。1930 年京都帝大醫學部畢業，內科博士，著名教授松尾及真下門下，臺北醫學校教師，1935 年創辦四方醫院，1940 年臺北州會議員，皇民奉公會中央本部參事。戰後，臺北律師公會副會長及臺省科學振興會主席，「二二八事變處理委員會委員」。

段秀龍，臺南東山人，在日本讀中學。

段赫然，臺南東山人，在日本讀中學。

顧大郎（1919～1947），原名松泰，留學日本學醫，娶日女為妻，與謝雪紅熟悉，參加二二八事變。

鍾生鑒，號柏桂，桃園人，茨城縣支部高等學校農學部畢業，臺東縣建設科長，1957 年任新竹縣建設局長。

鍾浩東（1915～1950），高雄和美人，明治大學政治經濟科畢業，鍾理和的異母弟。不滿日本殖民統治，1940 年到大陸參加抗日。1945 年返臺任基隆中學校長。1946 年入中共，1950 年被殺。

鍾謙順（1914～？），龍潭人，1933 年留學東京獸醫專科學校，參加廖文毅的「臺獨」活動。

鍾某，龍潭人，京都帝國大學畢業，鍾謙順之弟。

鍾啓明，龍潭人，鍾謙順堂兄。京都同志社大學，到美留學參加盟軍，在東京麥克阿瑟司令部任情報部主任，幫助過到日本走私的鍾謙順。

鍾明鉅（1928.9～），新竹人，長岡工業電器科，力大電機工業股份有限公司協理。

鍾璧和，屏東人，長崎醫大博士，開業醫。

鍾聰敏（1908～？），臺中人，1931 年畢業於明治大學商科，1932 年任《臺灣新民報》社屏東通訊部主任、花蓮支局長，1939 去廣東中山縣任建設局長。鍾逸人四叔。

鍾逸人（1921～），臺中人，1941 年去東京外語學校學習法語，教師。在日本讀三民主義等中國書。三青團嘉義分團組訓股長，《和平日報》嘉義分社主任。在臺中參加二二八事件，任二七部隊長，被捕。著有《辛酸六十年》（上、下），臺北市，自由時代出版社 1988 年出版。

鍾番薯，鍾和鳴的父親。

鍾和鳴，1937 年前後留日，中日戰爭爆發後，和幾個客家留日學生學習北京話，準備回大陸參加抗日。

鍾九河，1937 年前後留日，中日戰爭爆發後，和幾個客家留日學生準備回大陸抗日。

袁湘昌，南投人，父親爲醫生。東京醫專畢業，醫生。

高樹發（1902～？），號耕牧，臺北人，1924 年畢業於京都市立第二商業學校，大新巴士、臺北自動車株式會社社長。經營高源發商行。

高玉樹（1913～？），字宗適，臺北人，1941 年畢業於早稻田大學機械工程系，在日做工程師，1947 年回臺，北市商會總幹事 1951 年去美接受訓練，1954 年當選二屆臺北市長，「行政院政務委員兼交通部長」，「總統府資政」。在野代表人物。著有《臺灣高氏源流記略》。

高敬遠（1896～？），號杏苑，臺北人，日本醫學博士，總督府臺北醫院醫官。光復後，臺北市衛生院長。

高端莊（1904～1941），端崇，臺南人，高天成堂兄。1930 年畢業於東京神學社，1930 年到 1934 年傳道，牧師，花蓮港季度長老會首任牧師。參加

1929 年北臺灣基督教長老教會的新人運動。

高天成（1904～1964），臺南人，祖父高長、父親高金聲都是牧師。1917 年到 1928 年在日本留學，同志社中學、名古屋第八高校、東京帝大畢業，醫學博士，1928 年回鹽水港開業行醫，參加臺灣議會設置運動。光復回臺主持臺大醫院外科，1953 年升任院長。娶林獻堂之女林關關為妻。臺灣外科醫學之父。

高永寧，臺南人，高天成弟弟，日本大學醫科畢業。

高太平，臺南人，高天成三弟，昭和醫專畢業。

高上榮，臺南人，高天成四弟，東京醫專。

高聘明，臺南人，高天成六弟，昭和醫專。

高俊雄（1924～），臺南人，高俊明大哥，東亞學院政治經濟科肄業，長慶實業有限公司董事長，該公司 1973 年 5 月創辦，資本 15 百萬新臺幣，員工 300 人，塑料鞋。謝國城連襟。

高俊明（1929～），臺南人，基督世家，祖父高長。牧師，姨丈蔡培火。1939 年去日本讀小學、青山學院中學，受日新興宗教創價學會和生長之家影響，從《聖經》和內村鑑二的《求安錄》中找到人生答案。發佈「國是聲明」。

高雅美，臺南人，祖父高長，父親高再祝。留日學習聲樂，靜宜女子學院教師，丈夫黃天縱，女兒黃美幸為民進黨外交部主任。

高慈美，臺南人，高再祝之女，東京帝國音樂學校鋼琴，1934 年參加鄉土訪問演奏會，師大教師。丈夫李超然，李春生曾孫。

高錦花（1906～1988），臺南人，武藏音樂學校鋼琴，夫陳明清。鋼琴家。參加臺灣文化協會舉辦的音樂會演出。

高清榮（1917～1995），臺東長濱平埔族，九州島大分縣佐伯中學畢業，長濱公學校教師。

高登科（1920～），雲林，早稻田大學畢業，松江有限公司董事長，該公司 1963 年創辦，資本 10 百萬新臺幣，員工 54 人，電子化工原料等。

高進元（1901～1963），苗栗人，1928 年進入東京聖書學校，在臺南設立聖教會。1951 年擔任臺灣聖教會教團第一任理事長。

高執德（1896～1953），即證光師，彰化永靖人，1930 年畢業於駒澤大學佛教科。臺灣總督府囑託，南瀛佛教會教師，1932 年 4 月任《南瀛佛教》雜誌編輯主任。1936 年 5 月在開元寺創立佛教婦人會，極力推動佛教家庭化、

社會化。1943 年創辦延平佛學院。1953 年被國民黨當局以匪諜罪處死。

翁瑞淡，1920 年在東京參與東寧學會。

翁瑞國，1920 年在東京參與東寧學會。

翁廷森，1928 年前後在日本大學學習，參加東京留日學生民族運動。

翁繡花，臺北人，東京女子經濟專門學校，潘作宏妻，潘的堂兄潘子榮是三民區長。

翁櫻桃，臺南人，東京醫科大學畢業，在廈門行醫。

翁新臺（1901～？），嘉義人，父親為豪農、區長、莊長。鐮倉中學畢業，莊長、信用組合長。

翁鍾五（1896～？），新營人，富豪出身，1925 年到東京帝國大學醫學部旁聽，開業醫，信用組合理事，街協議會員。

翁通逢（1910～？），義竹人，東洋醫學院畢業，到東北工作，1946 年回臺灣。

翁通楹（1920～？），義竹人，京都帝國大學工科，到偽滿洲國工作，任職於鶴崗煤礦、大陸科學院航空研究室，兼任新京工業大學教師，1946 年回臺灣大學工作。

翁鈐（1917～1997），號瑞堂，龍潭人，九州島帝國大學畢業，臺灣大學教師。國防研究院第一期結業，1955 年任省府委員，1966 年任臺灣省民政廳長，1976 年兼任桃園縣長。1973 年成立世界客屬總會，任首屆理事長。

翁琳榜（1920～？），新竹人，日本米澤工專畢業，中南紡織股份有限公司廠長，該公司 1947 年 1 月創辦，資本 249 百萬新臺幣，員工 767 人。

翁鬧（1908～1939），彰化人，1934 年進入日本大學學習，東京臺灣藝術研究會成員。在東京郊外浪人街浪蕩數年而死。小說家，著有《阿憨伯仔》。文章被張恒豪編輯成《翁鬧、巫永福、王昶雄合集》，前衛出版社 1991 年出版。

翁榮茂，鹽水港人，音樂學校畢業。1934 年 6 月臺灣留日學生組織「在京臺灣同鄉會」，集合當時學習音樂的人成立「鄉土訪問音樂團」，利用暑假期間返臺舉行訪問音樂會。翁榮茂參加了這個團。

徐謙信，日本神學校畢業，臺灣神學院教師。

徐丁昌，日本神學校畢業，臺灣神學院教師。

徐慶鐘（1907～1996），1941 年畢業於日本帝國大學，農學博士。臺灣行

政長官公署土地專門委員會委員，省府農林處處長，省府委員，國民黨中央設計考覈委員會委員，黨副秘書長，創辦日文《今日之中國》月刊（1963），「內政部部長」，「行政院政務委員」，國民黨中常委，「行政院副院長」，「總統府資政」。

徐東火（1923～），南投人，京都中學畢業，弘泰紡織股份有限公司副理。

徐崇德，桃園人，京都立命館大學畢業，1951 年 5 月 1 日任民選桃園縣長，1954 年當選連任。

徐水德（1905～？），大園人，1932 年畢業於大阪市立商科大學金融科，偽滿洲國財政部商務司調查科長。臺灣省同鄉會領導，另有吳金川、洪公川、吳昌禮。1946 年回臺，參加二二八事變，農林廳檢驗局副局長。晚年主張「臺獨」。著有《光復日記》。

徐水泉，大園人，徐水德三弟。臺灣大學教師。

徐玉田，大園人，徐水德四弟。東京帝國大學，醫學博士，醫生。

徐元綺，新竹人，父親徐榮鑒是豪農、信用組合理事、大地主、莊協。日本大學法科畢業，大地主，莊協。

徐明同（1925～），臺北人，日本氣象大學畢業，邁阿密大學理學，中央氣象局技正，名古屋大學理學博士，臺大、中央大學兼職。著有《氣象力學》、《臺灣之地震活動及其關連諸問題》等。

徐昌道，東京帝大醫學部，青島同仁會醫院內科醫師。

徐錦卿，臺南人，東洋齒科醫專，王允得妻子。

曹秋圃（1895～1993），臺北人，原名阿澹，後改名容，字秋圃，留日學美術，參加六硯會。

曹賜固（？～1992），1937 年畢業於岩手醫專，他回臺前三年是在赤十字社醫院，那時戰前的醫院制度是德國式的，醫生有二、三年無薪水。

曹澤隆（1921～），桃園人，早稻田大學畢業，廣大飼料公司秘書。

曹欽源，龜山人，望族出身，東京帝國大學畢業，1945 年在日本參加朱昭陽任會長的「新生臺灣建設研究會」，臺大外文系教授。魏火曜妹婿。

郭維租（1922～），臺北人，東京帝國大學畢業，臺灣大學醫院醫生。

郭雙龍（1907～？），臺北人，皇家學習院中學部，1923 年去香港大學經濟科。1928 年畢業後到爪哇經商。1934 年回臺，錦茂茶行老闆。

郭炳煌，雲林人，中央大學法學系畢業，1946 年在東北參加國民黨軍隊。

郭廷俊（1882～1943），士林人，日本專修學校經濟科、高等研究科畢業，東洋協會附屬臺灣商工學校講師，臺北市協議會員，臺北州稅調查委員，臺灣總督府評議會員，臺北總商會長等。

郭碧玉，士林人，郭廷俊長女。東京帝國大學畢業。

郭幼柏，東京帝大農政經濟，勸銀臺中分行行員。

郭茂林（1921～），東京帝國大學畢業，幫助李登輝設計臺灣建設計劃。

郭茂林，屏東人，昭和醫專，醫生。

郭和烈，臺北人，日本神學校畢業，北部臺灣基督教長老會牧師，參加1929年的新人運動。

郭宗波（1921～），臺北人，名古屋大學，醫學博士，熱帶醫學研究中心主任，高雄醫學院教授，省劍道協會會長，1956年度臺灣醫學會最優秀論文杜聰明獎。

郭國鈞，臺北人，東京農業大學畢業，1946年1月15日任糧食局臺北事務所長。

郭阿命，臺北人，東京醫學專門學校畢業，醫學博士。

郭榮林（1922～），高雄人，留日學化學，左營煉油廠職員，二二八事變中被捕。

郭東周（1892～1936），臺中石崗人，1930年畢業於慶應大學，醫學博士，1916年在鹿谷創辦安東醫院，1930年創辦東周婦產醫院醫師會會長。

郭頂順（1905～？），臺中人，同志社大學畢業，有法學士及會計師資格，喜歡音樂，就讀同志社預備科時參加學校音樂團，周遊全臺灣。中央制冰會社社長，屏東自動車合資會社代表，大眾信購合作社監事，《南瀛新報》社屏東分局長等。

郭柏川（1901～1974），字少松，臺南人，出身富豪家庭。川端畫學校、東京美術學校西洋畫科，1937年後到北平任教於北平師範學院、北平藝術專科學校、京華藝術學校。1948年回臺灣任教臺南工學院。1952年任臺南美術研究會會長。

郭松根（1903～？），1933年畢業於京都帝大，醫學博士，留法。1940年赴東北任僞滿洲國新京醫科大學教授。戰後任長春臺灣同鄉會會長，負責與聯合國善後救濟總署交涉。臺大醫學院教授。

郭德焜，臺南人，東京帝國大學經濟科，延平學院教師。東大研究員，

臺大法學院教師，合作金庫研究室，北企總經理，與李登輝、許遠東等遊。林挺生親家。

郭炳揚（1921～），臺南人，日本大學經濟系畢業，東隆針織股份有限公司董事長，1968 年創立，資本 40 百萬新臺幣，員工 650 人。

郭章垣（1914～1947），溪口人，慶應大學，該校有「三四會」。留校任附屬醫院醫局長，戰後任省立宜蘭醫院院長，宜蘭「二二八事件處委會」主席，3 月 18 日被捕殺害，與市長朱正宗結怨。與李瑞珍、陳拱北是慶應大學同學。

郭柏村，郭章垣兄，「國大代表」。

郭發（1900～？），字覺之，彰化人，早稻田大學政治經濟科畢業，1927 年入《臺灣民報》社任記者、後任報社臺南支局長、臺中支局長，1939 年任廈門支局長，廈門商業學校設立委員，廈門南大成洋行董事。戰後在廈門創辦復華小學，一度被當地肅奸會送去法辦。

郭炳榮，彰化人，參加彰化新劇社。

郭石頭，澎湖人。

郭守義（1926～），基隆人，名醫郭太平之子。昭和醫專畢業。娶日本人，在基隆開業博愛醫院。在基隆極孚眾望，活動力強，又參與民間組織，國民黨視為寇讎。參加基隆二二八事件處理委員會，被殺。

郭芝苑（1921～），苗栗人，1943 年前後在日本大學學音樂，作曲家，著有《紅薔薇》、《楓橋夜曲》等。

郭天乙，新竹人，早稻田大學，南京中央大學教授，中華民國外交部職員，1948 年當選「立委」。

郭國基（1900～1970），東港人，1917 年到 1926 年在日本學習，青山中學、明治大學法學部畢業，任新民會總幹事六年，《臺灣青年》編輯。1926 在東京由盛世才介紹加入國民黨。參加臺灣文化協會、臺灣民眾黨、臺灣議會設置請願運動。戰後當選高雄市參議會議員、省議員，二二八事變時入獄 210 天，退黨，1969 年當選「立委」。

郭某某，東港人，東洋女子齒科醫專畢業，郭國基之妹。

郭華洲，1928 年前後在日本大學學習，參加東京留學生民族運動，左派。

郭昌言，1928 年前後在東京商科大學學習，參加東京留學生民族運動。

郭靜光，1943 年畢業於駒澤大學佛專科。

郭雪湖（1908～？），繪畫學校畢業，畫家。

郭明昆，早稻田大學畢業，早稻田大學語言學教授。戰時回臺灣時所乘輪船被魚雷擊中沉沒。

郭主恩，1897 年，在教會資助下留學日本。

郭秋煌（1908～？），臺南學甲人，1934 年 3 月在東京帝國大學經濟學部畢業，學甲莊協議會員，1935 年民選莊協議會員，北門郡土地改良組合理事，《興南新聞》社理事等。戰後任多屆省議員。林頂立、郭秋煌、朱昭陽等人認為，國民黨政府欺負臺灣人，是外來政權，鄭成功也是外來政權，不如荷蘭人好。

梁炳元，臺南新化望族出身，留日學醫，1940 年赴東北撫順天生醫院做醫生，1946 年 8 月返臺。妻子許春菊。

梁阿標（1900～1994），苗栗人，1929 年畢業於京都同志社大學英文科，《東臺灣新報》社記者，1930 年在花蓮港市開設明星活版印刷所。1940 年當選花蓮港街協議會員。戰後接收日人辦的女子學校並任校長。花蓮縣議會議員、副議長。二二八事變時被捕，英語教師。

梁義清，東京高等師範學校畢業。

黃銘鉎，1926 年選為東京臺灣青年會評議員。

黃聯登，1915 年前後在日本留學。

黃金錫，宜蘭人，九州島醫專畢業，通過醫師資格，1941 到 1945 年任宜蘭醫院醫官補。

黃世欽，臺北人，熊本醫科大學，1945 年任宜蘭醫院醫生。

黃鼎臣（1921～），高雄人，日本中央大學法學系，1946 年參加國軍。

黃明運，新竹人，中央大學法學系畢業，1946 年參加國軍。

黃華昌（1929～），竹南人，大津、熊谷飛行學校，竹南國校教師，因「學生工委會案」1950 年 6 月被捕入獄。

黃玉嬌（1919～？），桃園人，昭和藥科大學畢業，臺灣行政長官公署接收委員，省第一屆選舉監察委員，桃園縣議會二、三、四屆議員，省婦女會理事，省議員，「立委」，國民黨中評委。民進黨員。

黃景祚，宜蘭人，父親黃再壽為宜蘭實業協會會長、富豪、臺北州會議員、州所得稅調查委員等。法政大學經濟科畢業。

黃招慶（1906～？），臺北人，1929 年畢業於東京日本牙科醫專，回臺開

辦牙科朝陽醫院。

黃文池，臺北人，東京獸醫畜產大學畢業，1957 年任臺灣省獸疫血清製造所長，後任家畜衛生試驗所所長。

黃炎生（1903～？），淡水人，東京第一高等學校、京都帝大法學部畢業，文官高等試驗考試行政司法科合格，東京地方裁判所判事，1931 年回臺北地方法院任判官，1935 年民選臺北州會議員，臺中州地方法院法官。授予從六位職等。辭官自開律師所。岳父洪以南是淡水街街長。

黃洪炎（1897～？），可軒、夢華，臺中人，1927 年去日本留學，早稻田大學畢業，1929 年 10 月第四回產業合作社高等講習會畢業，1931 年當選草鞋墩信用購買合作社理事，1932 年 4 月進入《臺灣新民報》社，任總務部長兼文書課長，1933 年 12 月被任命為學藝部長，1934 年轉任通信部長。

黃樹水，基隆人，父親開黃金致富。在日本研修經營學問，1915 年返臺任職基隆水產會社。1946 年當選基隆市參議員。1950 年 10 月臺灣地方自治，當選首任基隆市議會議長，到 1952 年 12 月達 7 年。

黃維生（1903～？），臺北人，1929 年畢業於京都帝大法學部，文官考試行政科及格，在日任裁判所檢事，1931 年總督府法院判官臺北，後任臺中法院判官，1935 年當律師，1936 年臺北州會議員。

黃土水（1895～1930），臺北人，1918 年畢業於東京美術學校雕塑科木雕部，教師，雕塑家。作品五次入「大日本帝國美術展覽」。

黃際沐（1910～？），臺北人，富紳黃福成之子。1936 年畢業於早稻田大學法學部，高等文官考試司法科合格。1936 年回臺北市開業律師。1939 年底到廈門任地方法院檢察官。

黃清塗，臺北人，明治大學政經科畢業，到偽滿洲國外交部任職。戰後回臺灣任臺北市松山區長，臺北市工務局總務科長。

黃玉齋（1903～？），萬華人，在日本畢業後去廈門等地，光復後回臺，《新生報》叢書編纂委員會主任，省文獻委員會編纂、委員，臺大、延平大學教授。著有《臺灣革命史》《臺灣史百講》等。

黃岸吳（1915～？），臺北人，東北帝國大學畢業，臺電公司職員、人事處長，隨朱江淮到省建設廳任秘書。

黃成金（1905～？），臺北人，大阪第一高等商科畢業，經商，首屆省議員。

黃廷飛（1920～），臺北人，名古屋大學醫學博士，臺灣大學教授。

黃瑞卿，臺北人，東京工業大學畢業，滬江南化工公司技正，臺北市政府公用事業管理處技正、課長，大道工業有限公司總經理，臺灣工礦公司工程師。著有《應用化學概論》。

黃清波（1923～），臺北人，大阪工業大學畢業，和泰工業股份有限公司董事長，該公司 1962 年 1 月創辦，資本 60 百萬新臺幣，員工 412 人，經理協會會員，工商協會會員。

黃溪礦（1924～），臺北人，日本經營大學畢業，廣大飼料股份有限公司董事長，該公司 1948 年 6 月，資本 35 百萬新臺幣，員工 110 人，飼料業。

黃添印（1919～？），臺北人，京都放射線專科學校畢業，三光儀器股份有限公司董事長兼總經理。1965 年 6 月創立，資本 8 百萬新臺幣，員工 63 人。扶輪社成員。

黃清儀（1925～），臺北人，早稻田中學畢業，永豐餘造紙股份有限公司營業部協理。

黃啓新（1911～？），臺北人，長崎高等商業學校，任職於父親黃有土的聯發商行。

黃啓瑞（1910～1976），字青萍，臺北人，京都帝大法學士，日本文官高等考試司法科合格。自 1939 年起在臺北市開業律師，臺北辯護士會副會長。光復後，臺北市政府民政局長，臺北市議會議長。省臺北區自來水建設委員會主委。1954 年任國民黨中央委員會副秘書長。《中華日報》董事，臺北市長等。

黃信卿，臺北人，早稻田大學政經科，日本關東軍陸軍少尉，二二八事變時在臺中帶二七部隊的埔里隊，二七部隊參謀長。

黃信介（1928～1999），字金龍，臺北人，12 歲到日本半工半讀讀中學，1951 年臺灣行政專科學校畢業，1961 年當選第五屆臺北市議員。1969 年當選「立委」。曾爲吳三連、高玉樹輔選，1975 年創辦《臺灣政論》，1978 年組織「臺灣黨外人士助選團」。美麗島事件時被捕判刑 14 年，民進黨黨主席。

黃國書（1905～1987），原名葉焱生，新竹人，日本士官學校 19 期畢業，日本炮兵專科學校畢業，任教中央軍官學校及炮兵學校，國軍獨立炮兵團長、旅長、軍參謀長、師長、軍長。臺灣警備司令部參議，警備司令部高參室主任，「鐵道管理委員會委員」。1946 年制憲「國大代表」，1948 年當選「立委」，

「立法院副院長」、「院長」20 多年。臺灣省社會救濟事業協會理事長，臺灣省合會儲蓄公司董事長。

黃宗寬（1898～？），宏量，大溪人，1920 年畢業於明治大學商學系正科班畢業，1930 年 5 月擔任酒類經銷業務，濟仁會副會長，信用合作社監事，保正，1934 年被任為副莊長。

黃逢春，大溪人，大溪街助役黃玉麟長子，京都帝國大學畢業，獲得林熊徵獎學金資助留日。

黃逢平（1900～1986），臺北人，黃玉麟之子。1919 年去日本留學，神戶高等商業學校、一橋商科大學商學畢業，臺灣銀行業務員，經辦董事室業務。1931 年娶辜顯榮第三女，辭銀行職，協助辜家經營事業。

黃逢時，臺北人，莊長、信用組合長、州協、府評議會員李純青長子。

黃及時（1902～？），吉時，臺北人，李純青之子，自幼去日本留學，一直到 1927 年，高崎中學、早大附中、東京商科大學畢業，三菱商事株式會社會計主任及天津、北京支店長等。光復後，當選「國代」，省物資局顧問。省進出口商業同業公會理事長。著有《臺灣に對ずる和蘭植民政策》等。

黃得時，臺北人，李純青三子。著有《臺灣新文學運動概觀》、《關於臺灣歌謠的搜集》等文章。

黃當時，臺北樹林人，李純青四子。

黃文發（1906～？），新竹人，富豪、壯丁團長、參事、州協、府評議會員黃維生次子。早稻田大學經濟科肄業，公學校教師。返臺後擔任展南拓殖株式會社常務董事。

黃明發，新竹人，黃維生三子，東京帝國大學畢業，實業家。竹南區署區長、1946 年 2 月任新竹縣中壢區署區長。

黃煥發，新竹人，黃維生四子，早稻田大學畢業，茶業公司總經理。

黃耀發，新竹人，黃維生侄子，東京農大，農會總幹事。

黃旺成，新竹人，參加抗日民主運動。

黃繼圖，新竹人，黃旺成之子，京都帝國大學畢業，律師，1939 年新竹事件主要人物。

黃金穗（1915～1967），新竹人，1937 年去京都帝國大學留學，在田邊元門下學哲學，1941 年畢業後進入岩波書店，在岩波文庫部任職，戰後回到臺灣任新竹中學教師。1945 年 11 月創辦編輯《新新》雜誌，批評時政。1950

年代末轉任教於臺灣大學哲學系。

黃明富（1909～？），高雄人，兩洋中學、東京醫學專門學校畢業，回高雄醫院小兒科，擔任約聘醫師，師隨大島博士，專研小兒科。1936 年辭職自己開辦小兒科專門醫院。

黃興隆（1923～），高雄人，東京大學第二商業學校畢業，吉南食品廠股份有限公司董事長，該公司 1972 年 6 月創辦，資本 10 百萬新臺幣，員工 50 人，鹽澤疏果外銷。

黃坤榮，高雄人，名古屋工業大學畢業，高雄市建設局技正、「局長」。

黃呈聰（1886～1963），字劍如，彰化人，出身彰化郡線西莊地主。1923 年畢業於早稻田大學政治經濟科，新民會幹事，區長，臺灣青年總會總務幹事，1922 年 6 月回大陸，返臺後鼓吹白話文運動。《臺灣民報》發行人，《臺灣新民報》社會部長。1946 年 2 月任大甲區署區長。

黃獅保（1905～？），臺中員林人，父親黃耀南是武舉人。自幼去日本留學到 1929 年，京都市壬生尋常小學校、京都府立桃山中學校、秋田礦山專校畢業，總督府礦務課技手、助役，享有五級薪俸待遇。信用組合理事，坡心莊副莊長。

黃大烱，祖父黃耀南。黃獅保侄子，父親黃褒忠。東京農業大學畢業，信用組合理事，莊長。

黃朝清（1895～？），大甲人，自幼去日本一直到 1919 年，大成中學、東京慈惠醫專畢業，醫學博士。臺中開回春醫院，臺中商工協會長，《臺灣新民報》監事、業務局長。臺灣地方自治聯盟理事，大東信託株式會社董事。光復致敬團團員，臺中市議會議長。二二八事件時歡迎國軍入臺中。

黃某，大甲人，黃朝清長子，日本大學預科。

黃演渥（1902～1971），臺中石岡人，東北帝國大學法文部畢業，留校任助教，高等文官考試司法科合格，東京地方裁判所司法官試補。1932 年返臺歷任臺北等地方法院判官、總督府高等法院判官。光復後，任臺灣高等法院法官。

黃演烺（1902～？），臺中石崗人，東京醫學專門學校、京都帝國大學醫學部畢業，專修科專攻婦產科，醫學博士，在竹山開黃婦產科醫院院長。任職於紅十字社大阪分部病院，1935 年 7 月回臺，次年 3 月於臺中開設黃婦產科醫院，精通英、德、法、俄、意等語言。

　　黃某某，萬丹人，公學校校醫黃登雲之子。中央大學畢業，莊協議會員，信用合作社理事。

　　黃佳禾（1900～？），屏東人，同志社普通部、慈惠醫科大學畢業，醫師，1935年於屏東開設佳禾醫院。妻子劉燕。

　　黃登洲（1901～？），臺中石崗人，小學、中學、明治大學畢業，《東京日日新聞》社任職，1932年去職回臺，擔任《臺灣新民報》社調查部部長、社會部長、整理部部長等。

　　黃祺祓（1906～？），大甲人，同志社中學、靜岡高等學校、九州島帝大法文學部、東京帝大研究所畢業，法學士，通過文官高等考試司法科。1937年春返臺，在嘉義市開設律師所。

　　黃演淮（1906～？），1933年畢業於東京立教中學、明治大學法學部，僞滿洲國新京法政大學副教授。光復後，臺中家職校長。

　　黃棟（1901～？），大甲人，臺中株式會社三振商行專務取締役，東華名產株式會社監事。

　　黃榮德，大甲人，清水街協議會員、清水建築信購販利合作社理事、街教化委員黃有才之子。大阪商校畢業，部落振興會長，清水同志運輸行監察，大甲郡共立會清水分會評議員。

　　黃介騫（1905～？）臺南人，第六高等學校、京都帝大經濟學部畢業，臺灣總督府文教局社會課，文官高等考試行政科及格，臺南市助役臺東廳勸業課長，臺北州商工水產課長。1946年3站臺北市民政局長。

　　黃欣（1885～1947），字茂笙，臺南人，中學、明治大學專門部正科畢業，經營農場漁場，1928年任臺南區長，1920年臺南州協，1921年九位首屆臺灣總督府評議員之一。臺南州教育委員，臺南大圳議員，臺灣水產會議員，臺灣農會議員臺灣製鹽會社監察，臺灣南部無盡會社監察，臺灣輕鐵會社董事，臺南大舞臺株式會社董事，臺南集義會社社長，臺南共勵會會長，鴉片經銷商。

　　黃灼華，臺南人，黃欣長女。楊必得妻子。日本女子大學畢業。

　　黃溪泉，臺南人，黃欣之弟，留日學習牙醫，經營自家產業，辜振甫岳父。

　　黃宗堯，臺南人，1926年前後在中央大學學習，社會主義者。參加東京臺灣青年會，社會科學研究部成員。

黃天縱，臺南人，黃溪泉長子，早稻田大學畢業，律師，總督府文教局。高雄地方法院推事、法官。妻子高雅美，高俊明堂姐。民進黨外交部主任黃美幸之父。

黃阿嬌（1911～？），臺南人，黃欣次女，實踐女子專門學校英文科，丈夫陳紹馨是臺灣首位社會學博士。

黃天驥，筆名黃靈芝，臺南人，黃欣六子，古玉專家，作家。

黃春木（1908～？），1932 年畢業於九州島帝國大學，偽滿洲國新京大學教授。臺大機械系教授。光復初臺大機械系僅有教師 5 人，其中 2 人是日本人，另 3 人是留日的臺灣人。

黃朝琴（1897～1972），字蘭亭，筆名超今、念臺，臺南鹽水港人，祖父黃錦興是地主商人。東京澀橋日本中學、早稻田大學政治經濟畢業，中華民國外交部官員，臺北市長，臺灣省參議會議長 17 年，第一銀行董事長 30 年。國民黨中常委。致力於「國民外交」、臺日民間交流。著有《我的回憶》，龍文出版社 1989 年出版。

黃金川（1907～1990），臺南鹽水港人，黃朝琴之妹，在日本讀小學、中學，深愛中國古典詩詞。丈夫為高雄富豪陳啟清。詩人，出版詩集《金川詩草》。

黃朝碧，臺南鹽水港人，黃朝琴弟弟。1919 年前後在日本讀中學。

黃成立（1927～），臺南人，山陽高中畢業，聯明紡織有限公司總經理。

黃百祿（1903～1985），臺南人，中央大學法學部畢業，高等文官行政、司法科考試合格。在臺南市開業做律師。1948 年 11 月任臺南區中小企業銀行董事長，臺南市參議會議長，參選首屆市長當選。陳田錨岳父。

黃千里（1909～？），臺南人，1933 年早稻田大學畢業，在偽滿洲國文教部任職，級別僅次於謝介石、楊蘭洲。與許鶴年等人交往密切。移民美國。

黃明達（1923～），臺南人，日本山陽高商畢業，聯明紡織廠股份有限公司董事長，該公司 1969 年 8 月創辦，資本 178 百萬新臺幣，員工 589 人，生產合成纖維布。

黃柏燎（1924～），臺南人，日本多賀工業專門學校，正道工業股份有限公司經理。該公司 1964 年 11 月創辦，資本 165 百萬元新臺幣，經營活塞、自行車等。

黃櫻樹，臺南人，父親黃深淵為蕭壠信用合作社社長、蕭壠區長。

黃某某，臺南人，黃深淵三女。

黃某某，臺南人，黃深淵四女。

黃阿國，基隆人，瑞芳莊協議會員、澳底水產會社社長、金瓜石礦山總承包商黃仁祥之子。昭和醫專畢業。

黃秀峰，臺南人，舞蹈學校畢業，舞蹈家。

黃吹篪（1900～？），臺南鹽水港人，1932 年畢業於九州島牙科醫院學校，牙科醫生，鹽水街協議會員，鹽水港信購販利合作社理事，鹽水壯丁團長。

黃炳思，臺南東山人，東京私立中學。

黃文苑（1900～？），臺南斗六人，1930 年畢業於京都醫科大學，回臺開設生春醫院。

黃東川（1910～？），臺南新豐人，東京名教中學畢業，關廟莊協議會員，相關委員，協發煉瓦廠老闆。

黃鴻麟（1915～？），臺南新豐人，黃東川弟弟。東京慈惠醫大畢業。

黃雪，朴子人，父親黃媽典為總督府評議會員、朴子建築信購利合作社社長、鴻謨株式會社社長、東石自動車株式會社社長、臺南州協議會員、府評議會員、享有奏任官待遇、街長。日本奈良女子高師附屬高等女校畢業。

黃大友（1906～？），臺南人，中央大學本科、研究所畢業。

黃柏源（1922～），臺南人，黃大友侄子，在日本讀中學。

黃純儒，臺南人，慶應大學醫學部畢業，1941 年在菲律賓做醫生。

黃國清，臺南人，中央大學畢業。

黃永昌，嘉義人，法治大學畢業。嘉義縣公共汽車管理處處長。

黃宗焜（1910～？），字熏鋒，嘉義人，中央大學法學部畢業，文官高等試驗考試司法科及律師合格，嘉義律師。光復後，嘉義地方法院推事，省議員，嘉義縣長，1969 年當選「立委」。

黃紀男（1915～？），朴子人，日本大學政治科畢業，總督府文教局社會教育課，在菲律賓任教官，光復後，任臺電助理管理師，華南銀行專員，廖文毅的好友，也是他的「副總統」。二二八事變時坐過牢。

黃老達，嘉義人，日本大學醫科畢業，1968 年 4 月當選嘉義縣長。

黃毓才，富豪、參事黃有章次子。早稻田大學畢業。

黃啓顯，父親為富豪、區長。法政大學畢業，廈門大學教授。

黃寬和（1917～？），別號鷗波，嘉義人，川端畫學校半工半讀畢業，東

京雜誌記者，1943 年到揚州憲兵隊任翻譯，臺北藝專教師。光復後，斗六農職校、斗南中學教師，著有小說《祖國之戀》、劇本《眞誠的愛》。

　　黃屢鼇，1927 年留學大阪高等醫專，醫生。

　　黃文，醫學博士，光復後民選嘉中代理校長。

　　黃春木（1908～？），九州島帝國大學採礦科，1940 年到僞滿洲國任新京大學教授，光復後任臺灣大學教授。

　　黃淑麗（1924～），昭和藥專畢業，醫生。

　　黃溪海（1914～？），南投人，東京帝國大學。

　　黃溪礦（1924～），日本產業經營大學畢業，光裕建設企業股份有限公司董事長，該公司 1980 年 1 月創辦，資本 50 百萬，員工 39 人，建設、出售大樓。

　　黃仲圖（1905～1988），南投人，莊協、秀才黃錫三之子。東洋大學畢業，黃埔軍官學校日語教師，陸軍大學教授軍委會政治部部附。光復後，高雄市長，二二八事件後辭職，任臺大教授。著有《日語入門》等。

　　黃建麟，埔里人，1940 年前後留學明治大學。

　　黃文陶（1893～1970），號竹崖，彰化人，京都帝大醫學部，醫學博士。1933 年在嘉義開設上池醫院，嘉義市協議會員。光復後，參加國民黨，嘉義市自治協會理事長，嘉義市醫師公會會長。著有《竹崖詩選》、《竹崖文選》。

　　黃東錄，彰化人，慶應大學醫學部，臺東、宜蘭、嘉義、新竹、臺中等醫院院長。

　　黃啓森，彰化人，東北帝大醫學部畢業，1952 年 10 月任錫口療養院院長。

　　黃周（1899～？），筆名醒民，彰化人，1924 年畢業於早稻田大學政治經濟科，《臺灣新民報》記者，彰化市會議員，與蔣渭水、盧丙丁、謝春木等發起臺灣民眾黨。

　　黃福壽（1918～？），號泰壽，花蓮人，富商黃流之子。廣島縣立中學，早大商科畢業，臺灣肥料股份有限公司董事長，該公司 1946 年 5 月創辦，資本 3200 百萬新臺幣，工人 4590 人。縣議長，1968 年當選花蓮縣長，省府委員。1974 年監修《花蓮縣志》。

　　黃應添（1903～1957），新竹人，岩手醫科大學畢業，竹南南莊公學校教師，臺東公醫，遷到關山開神應醫院，1946 年 4 月曾任區署課長。

　　黃金炳，臺東人，京都高等商業學校畢業，1964 年 6 月到 1969 年 10 站

臺東縣輪船管理處主任。

黃進財（1914～？），花蓮人，私立川端美術學校、國立帝國美術學校西洋畫科畢業，花蓮港保甲聯合事務所當書記。光復後，花蓮空軍學校的農場場長，花蓮縣農會專員。1947 年任首屆市民代表會主席。二二八事件時勸阻青年騷亂武鬥。

黃財隆（1900～1972），馬公人，東京製造化學學校畢業，臺灣水產株式會社會計員。馬公街協議會員兼商工會幹事，光復後，二任馬公鎮長。

黃清埕，澎湖人，國立上野美術學校雕塑科，雕刻家，日本雕塑家協會會員。1943 年回臺，所乘高千穗輪被盟軍潛艇襲擊而沉沒。

黃銅鐘，澎湖人，東京專修大學畢業，1946 年 1 月任澎湖縣府會計室主任，1950 年 10 月到 1955 年 7 月南投縣主計室主任。

黃運金（1898～1996），苗栗人，1929 年畢業於日本大學，高考司法科合格。律師。

黃緒卿（1922～），宜蘭人，早稻田大學商科畢業，臺榮產業股份有限公司經理。

黃清塗（1912～1994），基隆人，明治大學畢業，文官高等試驗考試及格。偽滿洲國政府任高等官，1945 年升薦任二等，1946 年回臺，與林鳳麟、郭松根等一起交涉回臺事宜。臺北市府工商課職員，松山區長，延平區區長。

黃清波（1914～？），基隆人，明治大學畢業。

黃清日（1916～？），基隆人，明治大學畢業。

黃呈木，彰化人，早稻田大學商科畢業，1950 年 10 月任彰化縣地政科長。

黃天（1907～1950），溪州人，福岡高中，早稻田大學，在臺灣總督府文教局編輯課編印教科書，光復初把編輯課移交國民政府，但 1946 年被解雇，認定其思想遭日本毒化太深。隨後經商。日據時參加過農民運動。

黃大�，彰化人，東京農業大學畢業，1950 年 10 月到 1967 年 1 月任彰化建設局長。

黃振三（1914～？），彰化人，東京物理學院畢業，光復後投考中央警校，分至屏東縣警察局，連任 4 屆縣議員。青年黨革新派主席。

黃順興（1923～），彰化人，1938 年去日本，濱町矢部農校、熊本高等農校畢業，同留學者有塗姓 2 人。臺東縣議員，縣長，「立委」，嘉義市府主任秘書。

黃添祿（1903～？），彰化人，1927 年畢業於慶應大學，任職於日本大藏省營繕局，橫濱專賣支局長。

黃彰輝，東京帝國大學畢業，牧師。利用臺灣人民自決運動海外組織搞「臺獨」活動，也在美國國會積極展開活動。

黃英貴，1933 年畢業於駒澤大學佛教學科。

黃連指，1934 年畢業於駒澤大學地理學科。

黃換耀，美術學校畢業，畫家。

黏忠木，臺中人，原是雲林麥僚人，本姓廖，名金木，黏姓養子。早稻田大學夜間部。

龔天降（1891～1950），屏東人，明治中學校、明治大學專門部法科畢業，服務於高雄州廳，大正實業株式會社常務總經理。1920 年任九塊莊長。戰後任屏東市參議員。

章博隆，臺東人，近畿大學商科畢業，1978 年任臺灣省府委員。

商滿生，臺南人，1926 年前後在東京帝大學習，參加東京留學生社會科學研究部和臺灣議會設置運動。

康家福（1924～），臺北人，1943 年進入日本齒科專門學校，不久改學舞蹈。舞蹈家。

蕭振瓊，臺北人，中央大學畢業，臺北縣農會理事長。陳進丈夫。

蕭瑞安，臺南人，出身基督世家，父蕭基源畢業於神學院。留日學習齒科。

蕭焜裕，臺北人，1928 年前後留日，臺灣省石炭調整委員會幹事，到大陸。

蕭樂善，臺北人，日本神學校畢業，北部臺灣基督教長老教會牧師，臺灣神學院教師，參加 1929 年的新人運動。

蕭某某，彰化員林人，父親敦仁爲區長、莊長、臺中州會議員、生產販賣及信用組合長。早稻田大學畢業。

蕭某某，員林人，蕭敦仁三子，東京醫專畢業。

蕭某某，員林人，蕭敦仁四子，日本醫科大學畢業。

蕭來福（1907～1992），父親爲安平港富商。字友山，東京某中學畢業，臺灣文化協會活躍幹部，1947 年「二二八事變」後回大陸研究中醫。在日入臺共，1929 年與蘇新回臺組織赤色工會。著有《臺灣解放運動的回顧》（1946

年）。

蕭某某，蕭來福四弟。留日學繪畫，因肺病沒有畢業就去世。

蕭伯川，南投人，京都大學化學研究所畢業，1972 年任手工業研究所所長。

蕭維錡（1919～？），彰化人，日本大學畢業，臺中區中小企業銀行業務部經理，該銀行 1953 年 4 月創立，董事長蔡鴻文。

蕭信棟，六堆人，祖父蕭光明，父親贊堯生員並獲紳章。東京高等機械學校畢業。

蕭恩鄉（1893～1967），屏東人，父親蕭贊堯爲地方首富。日本醫學專門學校畢業，開業醫，佳冬莊莊長，高雄州協議會員，總督府評議會員等。光復後，擔任省立屏東救濟院院長，臺灣青果運銷合作社理事主席。

蕭振國，彰化人，法政大學法律系畢業，1958 年 9 月～1969 年 11 站臺東縣山地室主任。

蕭秀河，客家人，1937 年前後留日，假期回臺學習北京話，準備抗日。

蕭和應，1937 年前後在日本留學，準備回大陸參加抗日。

蕭道應，1937 年前後在日本留學，曾準備回大陸參加抗日。

蕭秀利（1905～1990），蕭道應叔父。留日學醫。屏東茄苳腳（今佳冬鄉）醫師，光復後臺灣省臨時議會第一、二屆省議員。

韓石泉（1897～1963），臺南人，生員韓斗華之子。1940 年畢業於熊本醫科大學，醫學博士。在臺南做醫生，《臺灣新民報》社監事，民眾黨中央委員。光復後，臺灣銀行監察人，省參議員，臺灣機械公司董事，臺南市醫師公會理事。後淡出政治。

蔣江直，高雄人，中央大學畢業，1951 年 6 月任高雄縣建設局長，革命實踐學院畢業。

辜本（1899～1969），鹿港人，同志社中學、岡山醫學專門學校畢業，鹿港公醫，開辜本醫院。1946 年首屆民選鎮長，二二八時去職，在衛生所行醫。

辜振甫（1917.1～2005），字公亮，鹿港人，1940 年去日本留學，東京大學研修財政及工商管理。首先響應耕者有其田號召。

辜偉甫（1918～1982），鹿港人，大和拓殖株式會社社長，大成材木商行社長，大和興業株式會社，大裕茶行、高砂鑄造、製鹽、赤糖、隆昌企業股份有限公司董事長，榮星企業股份董事長，臺北孔廟管理委員會委員等。

曾天從（霽容）（1910～？），臺北人，早稻田大學文學部、東京帝國大學西洋哲學畢業，歷任遼寧農業大學、瀋陽聯合大學、臺大教授。著有《眞理原理論》，論物質、生命、意識、文化等。

曾某某，高雄人，光復後返臺，高雄中學化學老師，二二八事變中被打死。

曾維成（1908～1955），高雄人，東京聖書學院，參加臺灣文化協會。自撰歡迎國軍歌，到高雄廣場歡迎連謀市長。二二八事變時因與王清佐爲鄰被捕3週，1955年被殺

曾申甫，臺中人，1935年前後在明治大學學習。與林獻堂家密切。

曾威甫，臺中人，立教大學經濟畢業。

曾某某（1920～），臺中人，曾文華二哥，留日學習藥學。

曾文侃（1920.4～），臺南人，大阪中學、大阪商專畢業，在家鄉任公職，1948屏東經商1966創農畜公司，華全食品工業股份有限公司董事長，該公司1969年5月創辦，資本154百萬新臺幣。工商協進會會員。

曾玉崙（1917～？），臺東人，大地主曾石生之子。1935年畢業於東京順天中學，關山郡庶務課書記兼壯丁團長，關山莊第一保正兼保甲聯合會長。光復後任臺東縣農業會理事等。

曾捷榮（1903～1982），臺東人，父親是實業家、壯丁團長。金川中學、東京醫專畢業，1937年在臺東開博愛醫院，兼職臺東中學校醫，學生有饒穎奇、黃鏡峰等。

曾豐明（1922～1947.3），澎湖人，父親是高雄港務局工頭，生父是日本警察。幼年在日本，日本無線電學校畢業，開辦修理收音機店。二二八事變中爲高雄市民談判代表，被殺。

曾溫（1904～1964），澎湖人，神戶市立商業學校，小學教員，1946年任澎湖縣政府辦事員，轉任中屯國小校長。

曾永光，銅鑼人，曾永豐二哥。早稻田大學畢業，

曾永豐，銅鑼人，早稻田大學經濟科畢業，新竹縣參議會議員。

曾景來（1902～？），又名曾普信，高雄美濃人，1928年3月畢業於駒澤大學佛教科，曹洞宗布教師，總督府囑託。1932年12月到1940年2月主編《南瀛佛教》。光復後，花蓮東淨寺主持。著有《日本禪僧涅槃記》、《臺灣宗教與迷信陋習》。

曾石火，在東京參加 1933 年 5 月成立的臺灣藝術研究會。

彭清靠（1890～1955），屏東人，傳教士彭士藏次子。1933 年去日本，東京帝大附屬泉橋慈善病院深造，大甲行醫 18 年後去日本獲得醫學博士，在高雄創辦私立醫院。1945 年 4 月 13 日當選高雄市參議會議長，二二八事件後對政治灰心。

彭某某，高雄人，彭明敏大哥。1945 年畢業於長崎醫科大學。

彭明敏（1923～），高雄人，父親彭清靠。東京第三高等學校，東京帝大法學畢業，任臺大政治系主任。1964 年發表《臺灣人民自救宣言》。1970 年後，在海外從事「臺獨」活動，任「臺獨聯盟」總本部主席，1992 年返臺，參加民進黨，擔任臺灣建國會會長。著有《自由的滋味：彭明敏回憶錄》等。

彭德（1914～？），字瑞恩，苗栗人，日本大學貿易系畢業，1944 年在第三戰區服務，擔任臺灣工作團教官。光復後返臺，國民黨省黨部執行委員，建設廳長，《臺灣新生報》董事，「行政院參事」，1954 年曾欲參加臺北市長選舉，但國民黨地方黨部卻支持王民寧。

彭英華（1895～1968），新竹人，1921 年畢業於明治大學政治經濟科，早期引介社會主義者。留學時參加啓發會、新民會、《臺灣青年》雜誌社。臺灣文化協會中央委員，參加臺灣民眾黨、臺灣地方自治聯盟。1933 年赴東北，在偽滿洲國任電信電話株式會社秘書長，1941 年任北平警察局秘書，戰後曾以戰犯被逮捕審判，但無積極資敵行爲，以不起訴結案，回臺後蟄居。

彭瑞麟（1904～1984），新竹人，1931 年畢業於東京寫眞專門學校，攝影家。回臺灣經營攝影生意，但器材被日本人把持而生意不好。1946 年被捕，靠師範同學黃國書疏通獲釋。靠中醫和經營果園謀生。

彭瑞鷺，新竹人，東京醫學專校畢業，1960 年 4 月當選新竹縣長，1964 年 4 月連任。

游彌堅（1897～1971），名柏。臺北人，1927 年畢業於東京日本大學政經科，回大陸，先後任中央軍官學校政治教官、外交部秘書。光復後回臺灣，省府委員，省教育會理事長，「國代」，《國語日報》董事長，臺省教育會理事長。著有《信仰與道修的蠡測》、《十年來的臺灣省教育會》等。

游根河，彰化人，中央大學畢業，1959 年任苗栗縣財政科長，1965 年 6 月任雲林縣財政科長，臺中縣財政局長。

謝廉清，又名謝子夷，彰化人，留日後曾於 1924 年 1 月與許乃昌一起去

莫斯科東方大學學習，參加《臺灣新民報》社。日本侵華期間，參加僞華北政務委員會，做「實業部長」。

謝娥（1918～1995），萬華人，東京女子醫學校畢業，1943 年任職臺北帝國大學醫學部，1944 年因抗日被捕，勝利後才被釋放。回臺灣開設康樂醫院，任省婦女會理事長、「國大代表」、「立委」。

謝春木（1902～1969），即謝南光，彰化人，1925 年畢業於東京高等師範學校，《臺灣民報》記者，參加臺灣民眾黨，1931 年到大陸參加抗日運動，創辦「華聯通信社」。臺灣革命同盟會常務委員。

謝龍闊，龍何，萬華人，1919 年畢業於東京明治大學，居住廈門，《全閩新日報》社主編、經理，1927 年臺灣公會副會長。組織「大同促進會」，期望日臺人融合，但不久就解散。1930 年因涉嫌暗殺國民黨黨員許卓然而逃亡上海、香港，九一八事變後到東北，僞滿洲國「陸軍少將」。

謝壽水，玉里三青團活動區隊長。

謝有用（1920～），高雄人，高中、專修大學畢業，《臺灣新報》（南部版）記者，1944 年與廖文毅組織西螺街藝能奉公團農村慰問藝能隊。光復初，和陳天階等一起接收《臺灣新報》南部分社。二二八事變處理委員會高雄分會宣傳委員，市議員。

謝友炎，高雄人，九州島醫學專門學校畢業，1974 年 1 月到 1978 年爲高雄縣「衛生（院）局長」。

謝文達（1901～1983），豐原人，抗日義軍副統領謝道隆之孫。千葉縣的伊藤飛行機研究所畢業，參加臺灣議會設置請願運動，1923 年 2 月 11 日在東京上空爲請願團撒傳單。1923 年投效中國空軍。汪僞中華航空公司董事長。1945 年回臺灣任省議會專門委員。

謝秉奎，臺中人，中央大學法學部畢業，1949 年 11 月任臺東縣政府建設科長。

謝國文（1887～1938），字星樓，臺南人，1926 年早稻田大學畢業，新民會員，與陳炘關係密切，介紹堂妹謝綺蘭與陳炘爲妻。《臺灣新民報》學藝部客員，參加臺灣議會設置請願運動。《臺灣青年》最早的編輯之一。著有《省廬遺稿》，臺南市大明印刷局 1954 年出版。

謝綺蘭（1902～？），臺南人，詩人謝石秋之女。青山學院畢業，糖業世家。

謝國城（1912～1980），臺南人，秀才謝石秋之子。1935 年畢業於早稻田大學，《時事新報》、《讀賣新聞》記者。日南精機合資會社社長，大公企業總經理兼企業部長。省合作金庫協理，省體育會總幹事。新光產物保險公司總經理。1969 年當選增額「立委」。號稱「中華民國棒球之父」。

謝汝川，臺南人，慶應大學經濟部畢業，臺南市會議員，信用組合理事。光復初任臺南州接管委員會幹事，臺南市政府漁業課長，西區區長，合作社理事。

謝榮鍾（1924～），嘉義人，東京電氣工學校畢業，鴻榮鞋業股份有限公司財務經理。該公司 1974 年創辦。

謝緯（1916～1970），南投人，1945 年畢業於東京醫學專門學校，1951年赴美進修，募款回臺說明原住民。1955 年在埔里建第一所山地醫院。

謝振聲，彰化人，1928 年去日本留學，東京醫學專門學校畢業。

謝耀東（1897～？），鹿港人，1922 年去日本留學，日本大學法科，福興莊助役，鹿港街協議會員，地方自治聯盟鹿港支部幹部。光復後，鹿港商工會理事長，漁業組合理事。

謝康興，鹿港人，謝耀東長子。空軍醫官，旅居日本行醫。

謝掙強，字子培，澎湖人，慶應大學肄業，大陸抗日。1946 年 2 月任新化區署區長，1947 年 4 月任嘉義區署區長，虎尾區署區長，1946 在澎湖競選「國大代表」，1949 年 6 月由臺南市政府主任秘書升嘉義市長。1957 年升省府委員。

謝發連，苗栗人，在日本半工半讀。

謝來興（1925～），苗栗人，日本外語專校畢業，國民黨文宣黨務赴日經商。日本華僑聯合會常務代表。大阪中華總會副會長。

謝源水，號松嶺，苗栗人，盛岡農業專門學校，1950 年 2 月任臺灣省蠶業改良場場長。

謝鎮欽（1926～），彰化人，愛知縣立猿投農林高等學校畢業，隆乙股份有限公司副總經理兼處長，該公司 1969 年 12 月創辦，資本 127 百萬新臺幣，員工 180 人，加工魚類。

謝許英（1920～？），彰化北斗人，九州島產婆學校畢業，北斗鎮婦女會理事長，鎮民代表，彰化縣縣議員，革命實踐研究院第二期結業，任省議會議員 16 年，國民黨監委。

謝清雲（1915～1972），號雲耕，新竹人，長崎醫科大學藥科畢業，設東生藥局、三光西藥行於基隆市。光復後，經營日星化工、鹽野義製藥、中義貿易、統一及啓時公司。1952 年當選第二屆基隆市議員，連任三屆。1960 年轉省議員，省府委員。

謝介石（1878～1954），號怡庵，新竹人，明治大學畢業，東京東洋協會專門學校教師。1915 年放棄日籍回大陸，任定武上將軍張勳秘書長，參與張勳復辟。僞滿洲國外交部總長、僞滿洲國駐日大使。以漢姦罪被審。1948 年被國民黨釋放。

謝壬水（1921～），屏東人，創價大學經濟科畢業，23 歲總督府稅務官考試及格，官吏養成所結業，歷任高雄、屏東稅務官等。1961 年後任臺東縣、新竹縣財政科長。國民黨高雄市委員會評議委員。

謝條榮，彰化人，三田商業學校畢業，1974 年 11 月代臺中市地政科長。

謝榮華，日本神學校畢業，參加東京留學生民族運動。

謝平，曹洞宗第四中學林～多多良中學畢業。

謝國鏞，美術學校畢業，造型美術協會成員。

謝秋濤，1920 年代在東京參加留學生民族運動。

童瞳（1911～？），臺北人，東京法政大學研究院，聯勤總部眷舍管理委員會法律顧問，臺北市參議員。

傅祖德（1910～？），東京帝國大學醫學博士，在張家口日本人開的「同仁會醫院」任外科主任，國民黨軍隊軍醫，留在大陸，「文革」中自殺。

傅祖修，留日學醫，1944 年畢業後到大陸，去張家口日本人的「同仁會醫院」任外科醫生。

傅添榮，臺北人，日本千葉實驗所，經營臺北竹林園餐廳。

傅少墩，新竹人，中央大學肄業，1946 年轉學臺北法商學院，1946 年 12 月合併爲臺大商學院，和潘家澤、蔡天賜爲代表，二二八事變時參加臺北市忠義服務隊，許德輝爲領導。

傅宏成，臺中人，九州島醫科大學，醫師。佐賀高等學校校友。

董大成（1916～？），高雄人，九州島大學醫學部醫學博士，臺大醫學院生化教授、臺北醫學院院長，臺大醫學院生化教授、臺北醫學院院長。私立東海大學董事，惠明學校董事長。

溫春雄（1922～），恒春人，神奈川大學貿易系畢業，日商商竹腰產業臺

北支店長，東方廣告公司、喜客來公司董事長、臺北進出口公會、棉布商業同業公會等理事，著有《商品銷售法》等。

藍明谷（1919～1951），原名藍益遠，岡山人，1940年去日本留學2年，1942年受民族意識驅使去大陸，就讀於北京東亞經濟學院，1946年回臺，基隆國文教師，1951年被國民黨槍殺。作家，著有《魯迅與故鄉》、《一個少女的死》等。

藍文炳，宜蘭人，東亞商業職業學校，京都鴻業公司社長，鎮民代表，1951年到1953年民選羅東鎮長。

藍德茂，字小松，臺北人，岡山教員養成所、體育研究所畢業，中小學教師、大專院校教授。著有《體育指導法》、《體育教授法》等。

藍蔭鼎（1903～1979），宜蘭羅東人，1927年去日本留學，東京美術學校美術教員養成所畢業，臺北一高女美術教師。水彩畫巨匠。著有《藝術與人生》、《鼎廬小語》等。

藍化成，宜蘭人，藍淥淮長子。早稻田大學畢業，信用組合長，州會議員。

藍堂燦，宜蘭人，藍化成之弟。東京齒專畢業。

藍敏（1921～），裏港人，藍鼎元後人，父親藍高川於1910年5月參與創辦商工銀行。1939年留日，東京女子大學外文系畢業，曾為軍統做事。光復後投資臺灣貿易公司、金山農場，美國可口可樂臺灣代理商。主張臺灣自治之後獨立。

藍家鼎（1902～？），裏港人，藍高川養子。1918年到日本留學，福岡高等學校、京都帝大畢業，莊協，青年團團長，有108個堂兄弟。

藍家精（國城）（1904～1980），裏港人，第一商業銀行創辦人藍高川之子。中學、京都帝大經濟系畢業，任職高雄州廳教育課。1937年任職日軍「華中派遣軍司令部」。任汪偽政權少將、中將。在滬幫助臺灣人取得經營特權。1947年被指控為特級戰犯。1950年去日本參加廖文毅的「臺獨」組織，家產被沒收。

藍錦綿（1909～？），里港人，丈夫顏德潤，顏雲年次子。京都女子專門學校畢業。

藍某某，里港人，1918年到福岡高等科學習，與家鼎家精同學。

藍更，本名藍運登（1912～？），臺中人，1935年進入美術學校，回臺後

進入新聞界，擔任《興南新聞》的文教記者。光復後創辦文化交流服務社。

賴阿粉（1901～1989），宜蘭人，助產士學校畢業，與苗栗林添喜結婚，在公館經營窯業工廠，成績顯著。

賴河，在東京留學，1926 年被選爲東京臺灣青年會評議員。

賴輝煌，白河人，1928 年到東京醫專學習。

賴通堯（1906～？），彰化人，日本大學肄業，參加臺灣文化協會。

賴傳鑒（1925～），桃園人，武藏野美術大學肄業，義民中學教師，新明中學教務主任，油畫家。

賴博文（1916～？），臺北人，九州島醫學專門學校畢業，醫學博士，醫生，基隆市醫師公會理事。

賴光雄，東京高等師範學校畢業，去了美國。

賴鐵雄，臺北人，日本大學畢業，1950 年至 1960 年 8 月任高雄市建設局長。

賴遠輝（1902～？），1930 年畢業於中央大學獨法科，東京社會科學部成員。1931 年任《昭和新報》社臺中支局長，1933 年任《日華新報》臺灣總支社長，取得司法代書業務，臺中壯丁團長。

賴雲祥（1888～？）東勢人，1912 年畢業於愛知縣農林學校，造林一千多甲。

賴明弘（1909～1971），原名銘煌，豐原人，日本大學創作科肄業，1933 年擔任《新高新報》漢文編輯主任，寫文學批評。1934 年在臺中召開「第一回全島文藝大會」，決議成立「臺灣文藝聯盟」，發行機關雜誌《臺灣文藝》，1935 年離開「文聯」，加入楊逵成立的臺灣新文學社。光復後，在三青團臺中分團文運會任職，著有小說《夏》、《魔的力》等。

賴雨若（1878～1941），號壺仙，臺南人，五品官、貢生賴世觀之子。中央大學法科、明治大學畢業，1904 年通過日本普通文官考試，爲臺灣第一人，1923 年通過辯護士考試。臺人首位律師。在嘉義開業律師。1926 年臺南州協議會員。設義務私塾，免費講四書五經。詩人。戰後旌爲抗日烈士。

賴尚和（1899～1967），嘉義人，京都帝大醫學部醫學博士，任臺北更生院醫生 13 年，協助杜聰明研究鴉片。樂生院院長，1946 年任職臺大公共衛生研究所。著有《中國癩病史》等。

賴其廉，嘉義人，留日學醫，在嘉義開辦德馨醫院。

賴旺根，中央大學法學部畢業，和王金星同學，日本法務部長中伊佐次同學。

賴順生（1908～？），苗栗人，東京帝國大學，1951 當選首屆苗栗縣長。大成中學校長省黨部委員，「考試院考試委員」，國民黨第 10、11 屆中委，教育廳副廳長，中央黨部副秘書長。

賴欽承（1918～？），臺東人，富商、地主賴金木之子。武藏高等學校、羽田飛行學校畢業，臺東縣警察局警察，二二八事變時堅守崗位，保守武器。

賴日生，臺東人，富商賴阿傳五子，東亞醫學院畢業，抗戰時在青島做醫生，光復後回臺東開泰和醫院。

賴月生，臺東人，賴阿傳六子，留日學攝影，定居日本大阪。

賴琪茂，臺東人，壯丁團長賴雙喜三子，在日本讀中小學。定居日本。

賴慶從（1916～？），羅東人，祖父教私塾，家庭富裕。東京神田學校，1939 年 23 歲時因怕被日本人征夫而去日本讀書。

鄞秀琴，1940 年前後在昭和醫專學習。

鄞建義（1928～），臺北人，明治大學預科畢業，臺灣日光燈股份有限公司北區營業部經理，1954 年 3 月創辦。

簡舜章（1922～），士林人，慶應大學醫學部畢業，醫生。

簡岡市，桃園人，1940 年去東洋女子齒科專門學校，桃園開業醫生。後移民美國。

簡奢兌（1921～），1943 年畢業於早稻田中學，高雄煉油廠，光復時參加獅子陣表示歡迎，廠自衛隊隊長，楊凱雄、周石為副隊長，在國民政府接收前，就組織保護廠子。二二八事變時被捕。

簡錫儀，高雄人，岩手醫學專校畢業，醫師考試合格。1957 年 7 月高雄縣衛生院院長、衛生局長。

簡晉臣，臺南人，中央大學法學部，新竹縣大溪區署區長，1947 年 7 月任竹南區署區長。1949 年 4 月調任新竹縣政府自治指導員。

簡金卿（1928～），南投人，近畿大學肄業，省青果合作社理事，南投市信用合作社理事兼經理，縣農會十屆理事長，南投縣議會四、九屆議員，十、十一屆副議長。

簡金鐘（1901～？），屏東人，東京齒專畢業，醫生，1935 年民選屏東市議員。

簡清榆（1912～？），雲林人，早稻田大學法學部畢業，高雄、屏東參議會秘書、主任秘書，在屏東減租政策有功，升臺中縣地政科長，省地政局技正、第三科科長，1972 年升任地政局副局長，1975 年升任局長。

簡萬銓，東京帝國大學畢業。

簡聯山，1943 年前後留日，文學家。

蒲添生（1912～1996），嘉義人，畫家世家，19 歲去日本深造，就讀川端畫學校，專攻素描，翌年進入日本帝國美術學校，1940 年雕塑作品「海民」入選聖德太子奉贊展。和楊三郎等人籌組臺陽美術協會。作品有蔣介石戎裝銅像、孫中山銅像、鄭成功銅像等。

詹萬金（1926～），新竹人，橫濱共進工業專修學校，參加日軍。

詹清水（1919～？），早大附屬工礦冶科畢業，精聲電子實業副總經理，該公司 1974 年 2 月創辦，資本 10 百萬新臺幣，電容器。

詹啓耀，嘉義人，東京醫學專門學校，1975 年任嘉義縣衛生局長。

詹漢庚，彰化人，早稻田大學畢業，醫師考試合格，1946 年 8 月任彰化市衛生院長，1950 年 10 月改任彰化縣衛生院長。

詹鵬（1897～？），彰化人，東京帝國大學農業部畢業，自由職業者，競選首屆省議員。

詹添慶，大湖人，1928 年進入東京醫專。

廖鍾脈（1912～？）臺北人，東京農科大學肄業，蓬萊物產合資會社臺北支店長，臺北市參議員。

廖建策，日本大學畢業，臺灣革命同盟會監委，工程師。

廖繼春（1902～1976），豐原人，東京美術學校圖畫師範科，畫家。臺南長老教中學教師，臺南州立第二中學教師、代理校長，臺中師範學校教師。參加議會設置運動的示威活動。

廖春洋（1891～？）豐原人，日本醫專畢業，開潭子醫院。

廖貴登（1897～？），虎尾人，東京醫學專門學校畢業，嘉義醫院醫務囑託，1915 年在二侖莊開業。

廖朝鏘，臺中人，中央大學畢業，二二八事變時任臺中市新民商工校長，《和平日報》社主任。

廖朝墩，日本音樂學校畢業。

廖德政（1920～？），神岡人，祖父廖乾三爲富紳。1938 年到 1946 年留

日，川端畫學校、東京美術學校油畫畢業，教師。日據時期最後一位留日畫家。

廖裕紛（1897～？）臺南人，東京簿記學校畢業，實業經營，1935 年民選州會議員。

廖行貴（1907～？），臺南人，1934 年畢業於大阪帝大工學部，任職偽滿洲國交通部。1946 年任高雄工業學校校長，找翁通楹任航空科主任。1947 年 2 月 17 日接任高雄中學校長，接替被《國聲報》攻擊和學生罷課反對的原代校長李鍾淵，二二八事件後被開除。

廖啓川，南投人，早稻田大學政治科畢業，經地方黨外人士敦促，多次參加南投縣長選舉，政見發表會後，名聲大噪。1959 年參加縣長選舉，抨擊國民黨的錯誤政策，被判刑。

廖秋和，埔里人，在日本讀中學，與林洋港同去東京。臺電職員。

廖英文，南投人，東京農業大學，1968 年 8 月～1973 年 2 月任南投縣建設局長。

廖昆金，日本大學法律科畢業，1949 年 10 月任北港區署區長。

廖坤福，號奎翔，第七高等學校、東京帝國大學法科畢業，高等文官考試行政科及格。總督府糧食局屬員。1960 年 10 月任糧食局臺東「事務所長」，臺東縣管理處長。

廖學昆（1896～1961），西螺人，東京亞東學院畢業，大東信託株式會社董事，西螺街協，信用組合理事，地方自治聯盟評議員，戰後首任西螺鎮長，斗南建材公司董事。

廖煥章，雲林西螺人，父親是大地主。大哥廖承丕。廖文毅叔叔。京都帝國大學畢業，醫學博士，到上海行醫。

廖行生，西螺人，廖煥章之弟。1943 年畢業於京都大學經濟部。

廖一雄，西螺人，廖文毅堂兄弟。醫學博士。

廖英雄，西螺人，廖文毅堂兄弟，生化博士。

廖溫仁（1893～1936），西螺人，父親廖承丕是雲林首富、臺灣四大地主之一、保正、區長、街協、信用組合長。廖文毅大哥。東北帝大醫學部，京都大學文學部，醫學博士，留在京都，研究東洋腳氣病。援助臺灣抗日義士。著有《中國中世醫學史》。

廖文奎（1905～1952），原名溫魁，西螺人，廖文毅二哥。京都同志社中

學，芝加哥大學社會學博士，香港政治大學教授。1946 年 9 月與廖文毅創辦《前鋒》雜誌，批評時政，提出臺灣自治乃至臺灣獨立的構想。把《左傳》翻譯成英文。美國一些大學用為教科書。著有《臺灣何去何從？》、《人生哲學之研究》等。陳立夫的《唯生論》也出自其手筆。

廖文毅（1910～1986），原名溫毅，西螺人，京都同志社大學中學部，浙江大學教授。1946 年 3 月任臺北市公用事業管理處長。創辦《前鋒》雜誌，宣傳聯省自治。參選國民參政員、制憲國代都失敗。二二八事變時到南京請願，主張廢除行政長官公署而遭通緝。1950 年潛赴日本成立臺灣民主獨立黨，1955 年 9 月成立臺灣臨時國民議會，1956 年 2 月 28 日成立「臺灣共和國臨時政府」，自任「大統領」，創設機關報《臺灣民報》，1965 年 5 月放棄「臺獨」回臺，獲得特赦。著有《臺灣的糖業》、《軍需工業論》等。

廖溫正，西螺人，廖文毅四弟，同志社大學。

廖溫進，西螺人，廖文毅五弟，明治大學商科，

廖春葉，西螺人，廖文毅姐妹。

廖玉梅，西螺人，廖文毅姐妹。

廖史豪（1923～），西螺人，廖文毅侄子。京都錦林小學、同志社中學、立教大學畢業，1941 年 1 月徵入日軍炮兵，與李登輝同屬於高射 12 期。從事「臺獨」活動被判刑。

廖金順，日本大學法科，法院司法官，光復後任職於臺電醫院。

顏敏卿，彰化人，早稻田大學畢業，1946 年在東北參加國民黨軍隊。陣亡。

顏欽賢（1901～1983），字學淵，基隆人，大實業家顏雲年之子。立命館大學經濟、早大經濟畢業，1935 年當選民選臺北州協議員。戰後，臺陽合金工業股份有限公司董事長。「國大代表」，工商協進會會員，國際扶輪社社員，省議員，省府委員。

顏德馨（1919～？），臺北人，明治大學經濟系畢業，三陽金屬股份有限公司董事長，該公司 1965 年 8 月創辦，資本 120 百萬元新臺幣，員工 604人。

顏朝元（1922～），明治大學畢業，樂得電子工業總經理，省煤業調節委員會處長。

顏秋山，臺中人，日本昭和醫專畢業，1945 年 11 月省立臺東醫院院長。

　　顏水龍（1903～1997），臺南人，東京美校西畫科畢業，參與赤島社，後留法。光復後，任職於臺南工專，1956 年臺手工業推廣中心設計組長。

　　顏春暉，京都帝大醫科，臺北市衛生處長。

　　顏春芳（1901～？），春風，臺南人，父親顏振聲是醫生，1925 年畢業於明治大學法學部，1932 年歸創臺南市共榮建築組合，市協，1935 年民選市會議員，1939 年官選議員，1940 年臺南信用組合理事。

　　顏春和，臺南人，顏春芳三弟，明治大學法科。

　　顏春霖，臺南人，顏春芳五弟，學醫。

　　顏春聯，臺南人，顏春芳六弟，學醫。

　　顏滄海，基隆人，顏國年長子，慶應大學法學部畢業，臺灣銀行董事，基隆碳礦公司董事，臺陽礦業、海山輕鐵等董事。

　　顏滄浪（？～1946），基隆人，顏國年四子，1941 年畢業於東京帝國大學，高等文官考試及格。

　　顏滄溟，顏國年五子，明治大學商學，任職於中臺礦業公司、臺北客運公司。

　　顏滄江（1923～1943），基隆人，顏國年六子，明治大學商科畢業。

　　顏朝邦（1918～1995），基隆人，顏國年七子。1941 年畢業於東京工業大學電氣科，1942 年進入臺電。1968 年與日本新東工業公司合資創立臺灣新東機械公司，中華民國臺灣地區機器工業公會常務理事，臺灣科學振興會幹事長。百利達董事長，樂得電子公司董事長。《臺灣科學》編輯。

　　顏德潤（1905～1979），基隆人，顏雲年之子。小學、中學、京都立命館大學法科畢業，任職於隆德工業公司和大德建設公司。妻子藍綿綿。

　　顏德修（1907～1991），基隆人，顏雲年之子，1930 年畢業於立命館大學經濟科，參加家族企業經營。

　　顏梯子，基隆人，顏欽賢之妹，陳逸松妻，女子大學畢業。

　　顏梅（1907～1994），基隆人，顏國年之女。東京礫川小學、東京第一高等女校、女子大學畢業。日語教師，授課不領薪，創日語「短歌」。1910 年顏雲年在小石川區購公館，捐 2 萬元給京都立命館大學，子弟多畢業自該校。著有《生涯始末記》、《運命》、《兩個祖國》等。

　　闕文仁（1922～），雲林人，東京農業大學農化系，味王股份有限公司廠長。

蔡彩雪，東京女子醫專畢業，謝春木之妻。

蔡溪（1897～？）教會資助留學。

蔡智堪（1888～1955），原名扁，苗栗人，早稻田大學畢業，在日經商，來往於日本南洋間。因岳父林英初與陳少白往來甚密，受陳影響加入興中會，在日本與政治經濟界人士交往，秘密從事革命活動。在日經商，來往於日本南洋間。1927 年盜竊田中奏摺交給東北外交委員會王家楨，揭露日本侵華野心，因而被捕入獄，家財沒收。臺灣光復後出獄。蔣介石頒發「卓行流馨」獎牌。

蔡培火（1889～1983），字峰山，北港人，1920 年畢業於東京高等師範科二部，兄長因抗日被捕。林獻堂資助留日，結識日本開明派政治人物，臺灣文化協會重要領導人之一。光復後，參加臺灣黨務工作，1947 年當選「立委」，1950 年「行政院政務委員」，「國策顧問」，國民黨中央評議委員。

蔡淑慧，北港人，蔡培火女兒。東京帝國高等音樂學院畢業。

蔡瑟琴，1926 年參加東京臺灣青年會。

蔡某某，臺南人，蔡培火之子。與高俊明一起去日本。

蔡繡鸞，臺中人，廖史豪母親，清水望族出身。蔡惠如侄女，楊肇嘉外甥。蔡梅溪之妹。同志社大學英文科畢業。

蔡玉麟，臺北人，明治大學畢業，參加新民會、臺灣議會設置請願運動。《臺灣青年》編輯。

蔡某某，醫生之子，蔡娩大哥。同志社中學畢業，任職神學院。

蔡桂林，臺北人，九州島大學醫學院畢業，九州島大學醫學部教師，臺大教師。

蔡咸明，臺北人，日本大學醫學博士，臺北保健館防治組主任，臺北縣立結核病防治所所長。

蔡章麟（1908～1988），號麟書，萬華人，1934 年畢業於東京帝國大學法學部大學院，大阪地方法院推事。高等文官考試行政司法科合格。光復後，臺灣行政長官公署法制委員會委員，臺灣省府參議，臺大訓導主任，「司法院」第一屆「大法官」。著有《民事訴訟法》、《論誠實信用原則》、《民事訴訟法》、《論誠實信用原則》。

蔡章獻（1923～），臺北人，在山本一清博士之天文臺研習天文，1943 年徵到安徽 1947 年回臺任氣象局技佐，中山堂天文臺，著有《天文名詞對照》

等。

蔡友土（1932～），尾道經濟專門學校畢業，板橋鎮農會、臺北縣農會、省農會理事長，國民黨中委，「立委」。

蔡天賜，明治學院肄業，1946 年轉入臺北法商學院，二二八事件時參加對抗國軍的忠義隊。後被判刑。

蔡玉香，高雄人，京都同志社高等女校畢業，丈夫曾維成 1955 年被殺。

蔡芳太（1924～），高雄人，日本理工大學畢業，豐國水產公司、豐國造船公司總經理，該公司 1965 年創辦。

蔡耀明（1928～），高雄人，第六海軍燃料廠技工養成所 3 年，東寶工業股份有限公司董事長，該公司 1972 年 2 月創辦，資本 20 百萬新臺幣，員工251 人。

蔡先於（1893～1950），大甲人，1921 年畢業於明治大學，1927 年通過高等文官考試司法科考試，1929 年返臺。參加新民會、臺灣議會期成同盟會，臺灣文化協會理事。1935 年官選臺中市議會議員。1946 當選首屆臺中縣參議會副議長，省參議員。

蔡漢基（1920～？），高等官蔡伯毅之子。東京帝大醫學部畢業。

蔡梅溪，清水人，東京商科大學畢業，清水街協議員，特別著力於日臺的融合。

蔡伯汾（1894～？），臺中人，字光展，生員、參事、區長、市協蔡蓮舫之子。東京帝國大學法學部英法科，《臺灣青年》編輯。日本司法省判事、法官，律師。光復後仍為律師，臺北市律師公會理事長。

蔡槐墀，臺中人，父親蔡敏庭為區長、街協、輕便鐵路董事和製冰廠廠長。法政大學畢業，到南京。

蔡炳耀，大甲人，生員、富豪、區長蔡惠如長子。在東京讀小學、中學、大學。

蔡敦曜，大甲人，蔡惠如次子。1912 年到東京讀書，《臺灣青年》編輯。

蔡珍曜（1912～？），大甲人，蔡惠如三子，在東京讀中學。《臺灣青年》編輯。

蔡景軾，清水人，蔡惠如堂侄。中學、中央大學法律系畢業，大甲郡役所工作，高雄市參議會秘書。

蔡錫琴，臺中人，慶應大學醫學部畢業，1946 年 7 月任新竹醫院長。

蔡坤燦，日本岐埠縣陸軍航空整備學校奈良教育隊，李登輝好友。

蔡愛義，臺南人，醫生蔡得一之子，大阪醫科大學畢業，醫生。

蔡丁贊（1908～？），市議員蔡喜樹之子。昭和醫專畢業，醫生，1950 年後任市議員，副議長，「二二八事件處理委員會員」委員，入獄 7 個月。

蔡龍（1924～），臺南人，東京名教中學，乃霖中學同學，6 人同時去日留學。

蔡西坤（1915～？），臺南人，黃欣三女婿。京都帝大法律系畢業，任職於偽滿洲國錦州省警務處。1946 年回臺，臺大法律系教授，檢察官，因不滿國民黨而轉任律師，晚年主張「臺獨」。

蔡壽山，嘉義人，日本齒科大學畢業，1947 年 9 月～1948 年 6 月任嘉義市衛生院長。

蔡鵬飛（1908～？），嘉義人，京都帝大農林經濟系畢業，二二八事變時任嘉義農校代理校長。參加二二八事件處委會，主張保護外省人，主張和平。

蔡少庭，豪農、區長、街協蔡然標之子。東京大成中學，經營實業。

蔡德本（1925～？），朴子人，在日本讀中學，小學教師、中學英文教師。1946 年在臺灣師院英語科讀書，推動臺語戲劇活動，1954 年被關 13 個月。著有《臺灣番薯仔》。

蔡陽明，朴子人，醫生蔡超長子。名古屋醫科大學，醫生。

蔡陽輝，朴子人，蔡超之次子。1939 年進入慶應大學，醫學博士。

蔡陽昆（1921～），朴子人，蔡超三子，慶應大學醫學部，倫敦大學醫學博士，1946 年 5 月與慶應大學四校友一起入宜蘭醫院，3 年後轉臺南外科醫院。基督教長老教會長老。

蔡團圓，澎湖人，藥專畢業，與許整景一起接收日軍的醫療器材。縣議會副議長。

蔡繼琨，彰化人，東京藝術大學畢業，1945 年 12 月任公署交響樂團團長。

蔡能（1918～？），字宜達，鹿港人，產能大學畢業，隆乙、隆有、國豐三家公司董事長。1982 年出任臺灣紙業公司總經理，臺灣區鰻魚輸出公會理事長，參加國際同濟會。

蔡樅，員林人，1928 年進入東京醫專學習。

蔡咸陽，苗栗人，東京醫學專門學校畢業，1954 年 9 月任苗栗衛生院長，1961 年 7 月任苗栗衛生局長。

蔡炳煌，基隆人，日本醫學專門學校畢業，1960年任省府委員。

蔡星毅（1888～？），基隆人，日本醫專畢業，醫生，區長，保正，1935年民選基隆市會議員。

蔡英俊，基隆人，日本齒科醫學專校，1961年12月任基隆市立醫院院長。

蔡式谷（1884～1951），號春圃，新竹人，明治大學法科，中央大學高等研究科畢業，1916年任高砂青年會會長，1923年律師考試合格，在臺北市開業律師。臺灣文化協會、臺灣民眾黨、臺灣地方自治聯盟主要幹部。1935年11月當選臺北市會民選議員。光復後，臺北市政建設委員會委員，省文獻委員會編纂等。

蔡阿信（1896～1989），新竹人，1920年畢業於東京女子醫專，1921年任職臺北醫院，1924年在臺北市開設婦產科醫院，1926年在臺中開設清信醫院，丈夫彭英華。臺中州街莊吏員、講習會囑託。臺灣首位學習西洋醫學的女性。二二八事件中受到衝擊，1953年定居加拿大。

蔡瑞唐（1912～？），北港人，名醫蔡培波之子。日本大學畢業，臺電株式會社、臺電協理，1945年10月參與接管臺電。負責臺北區電務工作。

蔡清霖，屏東人，日本醫學院畢業，高雄州廳高等官，醫生。姐夫曾豐明二二八事件時被殺。二二八事變後和弟弟等移民日本。

蔡瑞月（1921～），臺南人，石井漠舞蹈體育學校畢業，舞蹈家。拜石井漠為師研究巴蕾，畢業後再隨石深造。1946年回臺，1947年在臺北創設「蔡瑞月舞蹈研究社」。她是臺灣現代舞最早創始者。創作臺灣第一齣大型舞劇，首開臺灣巴蕾舞風氣。

蔡淑媛，石井舞蹈體育學校畢業。

蔡香吟，東洋音樂學校畢業。

蔡添火，1940年畢業於駒澤大學佛專科。

（林）蔡卿卿（1919～？），臺北人，千代田女子專校畢業，臺豐建設股份有限公司董事長，該公司1964年8月創辦，大樓租售，資本70百萬元新臺幣，員工5人。

蔡國禮，臺南人，留學日本學醫，醫生，1950年因參加所謂叛亂組織「麻豆支部」被捕殺。

潘光楷，臺北人，1945年11月17日代理七星郡守，隨即改為七星區署區長。1946年1月調任新莊郡守。

潘以宏，臺北人，京都帝國大學畢業，醫學博士，臺大教授，著有《木材微生物學及免疫學》。

潘錦淮，新竹人，日本大學畢業，1947 年 4 月底暫代新竹縣中壢區署長，1950 年 7 月卸任。

潘建成，高雄人，日本產業能率短期大學，高雄縣民政局長，縣政府行政室主任。

潘作宏，高雄人，東京東海大學電氣科畢業，參加朱昭陽謝國城組織的新生臺灣建設研究會，1946 年 2 月回臺任教高雄工業學校，後到臺灣水泥公司任職。

潘家欽，高雄人，高雄州會議員潘致祥之子。慶應大學第一名畢業，日本輕銀會社會計課長。高雄區中小企業銀行經理。二二八事變時被通緝。妻子黃端華。

潘家耀，高雄人，潘家欽二弟。日本齒科大學，醫師。

潘家棟，高雄人，潘家欽三弟。慈惠醫科大學畢業，哈佛大學醫學院教授。

潘家澤（1926～1947），慶應大學肄業，1946 年回臺灣轉入臺北高等商校，二二八事變時參加忠義服務隊，和傅少墩、蔡天賜為臺大法商學院學生代表，失蹤。

潘貫，臺南人，東北帝國大學，理學博士，臺北大學化學系主任、理學院長，「中研院士」。

潘春源（1891～1972），臺南人，留日學習繪畫。

潘木枝（1902～1947），嘉義人，出身武師家庭。1932 年東京醫專畢業，大學畢業後在東京長谷川醫院實習三年，1935 年回嘉義開設向生醫院，名醫。1946 年 4 月當選首屆嘉義市參議員，副議長，二二八事變時被殺。

薛國梁（1917～？）高雄人，中央大學法學部、明治大學法學部畢業，在日本經商，東京中華學校副理事長，「行政院僑務委員」。1989 年 12 月東北亞地區僑選「立委」。

戴良慶，高雄人，明治大學商學部畢業，高雄縣議會議長，1964 年當選高雄縣長。

戴明福（1908～1992），臺東人，傳教士之子。金川中學、廣島師範學校畢業，長榮中學教師，臺灣數學教育三大泰斗之一，1944 年任宜蘭中學教務

主任，1945 年 12 月奉臺東縣接管委員會之命接收省立臺東中學，1946 年 2 月任校長。

戴坤明，彰化人，東京農業大學畢業，1949 年 6 月任臺中縣建設局長。

戴炎輝（1909～1992），屏東人，東京帝國大學法學博士，中國法制史專家，以《唐律通論》一書獲得博士學位。1936 年通過高等文官考試司法科，高雄執業律師，皇民奉公會高雄州支部總務班主事，高雄縣潮洲郡郡守，高雄地方法院推事。光復後，臺大法學院教授，「司法院大法官」，「司法院副院長、院長」，「總統府資政」，國民黨中央評議會主席團主席。著有《清代臺灣之鄉治》，聯經出版事業公司 1992 年出版。

魏上春，1932 年在東京從事文學活動。

魏廷寬，桃園人，早稻田大學畢業，桃園縣民政局長。縣政府行政室主任。

魏火曜（1908～1995），新竹人，臺灣合會儲蓄公司總經理魏清德之子。東京帝國大學醫學博士，1945 年在東京參加新生臺灣建設研究會，臺大小兒科主任兼醫學院長，1981 年當選臺北市選舉委員會委員，「行政院國科委員」。

魏炳炎，新竹人，魏火曜弟。1943 年畢業於東京帝大醫學博士，1945 年11 月任嘉義醫院院長，臺大教授兼婦產科臺大醫院院長。著有《生育與節育》。

魏順治（1917～？），臺南人，獸醫專科學校畢業，泰億股份有限公司總務部總經理，該公司 1972 年 7 月創辦，資本 7.5 百萬新臺幣，員工 315 人，製鞋業。

魏全城（1930～），臺南人，日本初五畢業，鳳記鐵工廠董事長，該工廠1953 年 9 月創立，資本 10 百萬新臺幣，員工 135 人，經營鐵工、機械。

魏登賢，南投人，東京醫科大學，或說京都大學畢業，1948 年醫師考試合格。1958 年 10 月任南投縣衛生院長、衛生局長，臺北縣衛生局長。

魏綸洲（1921～），苗栗人，日本大學畢業，《新生報》董事長，1955 年當選苗栗縣議員，1958 年當選縣議長，兼任縣黨部委員，1968 年當選省議員，1972 年任省議會副議長。

主要參考文獻

1. 林仁川，大陸與臺灣歷史淵源〔M〕，上海：文匯出版社，1991。

2. 徐博東，民進黨研究——大陸學者眼中的民進黨〔M〕，臺北：海峽學術出版社，2003。

3. 張炎憲、李筱峰、莊永明，臺灣近代名人誌〔M〕，第二冊，臺北：自立晚報社，1987。

4. 李達編著，臺籍將領總檢閱〔M〕，香港：廣角鏡出版社有限公司，1988年。

5. 陳三井、許雪姬訪問，楊明哲記錄，林衡道先生訪問記錄〔M〕，臺北：中研院近代史所，1992。

6. 許雪姬、方惠芳、吳美惠等，高雄市二二八相關人物訪問紀錄（上中下）〔Z〕，臺北：中央研究院近代史所，1995。

7. 楊肇嘉，楊肇嘉回憶錄（一）〔Z〕，臺北：三民書局，1978。

8. 謝東閔，歸返——我家和我的故事〔Z〕，臺北：聯經出版事業公司，1988。

9. 黃朝琴，朝琴回憶錄〔Z〕，臺北：龍文出版社，2001。

10. 吳三連口述、吳豐山撰記，吳三連回憶錄〔Z〕，臺北：自立晚報出版部，1991。

11. 謝雪紅口述、楊克煌筆錄，我的半生記〔Z〕，楊翠華，1997。

12. 張良澤編，吳新榮日記（戰前）（戰後）〔Z〕，臺北：遠景出版社，1981。

13. 吳新榮，吳新榮回憶錄〔Z〕，臺北：前衛出版社，1989。

14. 陳逸松，陳逸松回憶錄〔Z〕，臺北：前衛出版社，1994。

15. 蘇進強，風骨嶙峋的長者——蔡培火傳〔M〕，臺北：近代中國出版社，1990。

16. 林忠勝撰、朱昭陽口述，朱昭陽回憶錄〔Z〕，臺北：前衛出版社，1994。

17. 許雪姬監修、許埕著，許丙許伯埏回憶錄〔Z〕，臺北：中央研究院近代史研究所，1996。

18. 李世傑，臺灣共和國臨時政府大統領廖文毅投降始末〔M〕，臺北：自由時代出版社，1988。

19. 應大偉，臺灣人檔案（之一）〔M〕，臺北：創意力文化事業有限公司，1995。

20. 編輯小組編，臺灣一百位名人傳〔M〕，臺北：力行出版社，1984。

21. 黃順興，走不完的路～黃順興自述〔Z〕，臺北：自立晚報社文化出版社，1990。

22. 葉榮鐘著、李南衡編，臺灣人物群像〔M〕，臺北：帕米爾書店，1985。

23. 李睦編著，臺籍當今紅人〔M〕，香港：群倫出版社，1988。

24. 黃武忠，臺灣作家印象記〔M〕，臺北：眾文圖書公司印行，1984。

25. 吉田莊人著、彤雲譯，從人物看臺灣百年史〔M〕，臺北：武陵出版有限公司，1998。

26. 黃武忠，日據時代臺灣新文學作家小傳〔M〕，臺北：時報文化出版社，1980。

27. 崔之清主編，當代臺灣人物辭典〔M〕，河南人民出版社，1994。

28. 施懿琳，吳新榮傳〔M〕，臺灣省文獻委員會，1999。

29. 吳新榮，震瀛回憶錄〔Z〕，臺灣：琅琅山房發行，1977。

30. 司馬嘯青，辜振甫家族〔M〕，臺北：玉山社，1998。

31. 新華社香港分社，臺灣人物〔Z〕，1980。

32. 社科院臺灣研究所資料室編，臺灣工商名人錄，北京：時事出版社，1988。

33. 李筱峰，二二八消失的臺灣精英〔M〕，臺北：自立晚報社文化出版部，1990。

34. 李慶恭，臺南幫世紀〔M〕，臺灣：派色文化出版社，1994。

35. 莊永明，臺灣名人小箚（一）〔M〕，臺北：自立報系文化出版部，1989。

36. 熊鈍生主編，中華民國當代名人錄（四）〔Z〕，臺灣：中華書局，1979。

37. 熊鈍生主編，中華民國當代名人錄（五）〔Z〕，臺灣：中華書局，1985。

38. 李明輝編，李春生的思想與時代〔M〕，臺北：正中書局，1995。

39. 黃旭初，臺灣的天空——名人開講選集（2）〔Z〕，臺北：月旦出版公司，1993。

40. 林中偉、林明河等著鄭美芬主編，名人在臺中〔Z〕，臺灣：荷風出版社，1990。

41. 鄒律著，頑將風雲榜〔Z〕，大禹出版社，1988。

42. 黃敦涵編著，翁俊明烈士編年傳記〔M〕，臺北：正中書局印行，1977。

43. 李筱峰著，快讀臺灣史〔M〕，臺北：玉山社，2002。

44. 李筱峰、劉峰松合著，臺灣歷史閱覽〔M〕，臺北：自立晚報出版社，1996。

45. 臺灣省文獻委員會，臺灣近代史（社會篇）〔M〕，1995。

46. 臺灣省文獻委員會，臺灣近代史（政治篇）〔M〕，1995。

47. 臺灣省文獻委員會，臺灣近代史（文化篇）〔M〕，1995。

48. 臺灣省文獻委員會，重修臺灣省通志〔M〕，卷七，《政治志》議會篇選舉罷免篇，1992。

49. 廖娟秀、葉翠芬，胡龍寶傳〔M〕，臺北：月旦出版社，1992。

50. 謝國興、陳逢源，亦儒亦商亦風流（1893～1982）〔M〕，臺北：允晨文化有限公司，2002。

51. 陳芳明編，楊逵的文學生涯〔M〕，臺灣出版社，1986。

52. 蘇瑤崇主編，最後的臺灣總督府（1944～1946 年終戰資料集）〔Z〕，臺北：晨星出版社，2004。

53. 吳濁流著、林衡哲編，無花果——臺灣七十年的回想〔Z〕，臺北：前衛出版社，1988。

54. 余陳月瑛著、彭瑞金整理撰寫，余陳月瑛回憶錄〔M〕，臺北：時報文化出版部，1996。

55. 郭惠娜、林衡哲編，郭雨新紀念文集〔C〕，臺北：前衛出版社，1988。

56. 李筱峰、莊天賜編，快讀臺灣歷史人物（二）〔M〕，臺北：玉山社，2004。

57. 林衡哲編著，廿世紀臺灣代表性人物（一）〔M〕，臺北：望春風文化事業有限公司，2002。

58. 蘇新，未歸的臺共鬥魂——蘇新自傳與文集〔Z〕，臺北：時報文化出版公司，1993。

59. 朱江淮口述、朱瑞墉整理，朱江淮回憶錄（上）（下）〔Z〕，臺北：朱江淮文教基金會，2003。

60. 朱江淮口述、朱瑞墉整理，朱麗傳〔M〕，臺北：朱江淮文教基金會，2004。

61. 李筱峰著，林茂生陳炘和他們的時代〔M〕，臺北：玉山社出版公司，1996。

62. 許雪姬、方惠芳、吳美慧等，高雄市二二八相關人物訪問紀錄（上）（中）（下）〔Z〕，臺北：中央研究院近代史研究所，1995。

63. 黃武東著，黃武東回憶錄——臺灣長老教會發展史〔Z〕，臺北：前衛出版社，1988。

64. 謝國興著，府城紳士——辛文炳和他的志業〔M〕，臺北：南天書局出版，2000。

65. 任育德，雷震與臺灣民主憲政的發展〔M〕，臺北：國立政治大學歷史學系，1999。

66. 吳文星，鹿港鎮志人物篇〔M〕，臺灣：鹿港鎮公所，2000。

67. 張勝彥，鹿港鎮志政事篇〔M〕，臺灣：鹿港鎮公所，2000。

68. 黃富三主持，臺北市歷屆市長議長口述歷史〔Z〕，臺北市文獻委員會，2001。

69. 楊玉齡著，一代醫人杜聰明〔M〕，臺北：天下遠見出版股份有限公司，2002。

70. 游鑑明、吳美惠等，走過兩個時代的臺灣職業婦女訪問紀錄〔Z〕，臺北：中央研究院近代史所，1998。

71. 蔡平立編著，澎湖通史〔M〕，臺北：眾文圖書股份有限公司，1979。

72. 吳敦義，高雄市發展史〔M〕，高雄市文獻委員會編印，1995。

73. 許雪姬等，藍敏先生訪問紀錄〔Z〕，臺北：中央研究院近代史研究所，1995。

74. 謝深山監修，續修花蓮縣志歷史篇〔M〕，花蓮縣政府，2006。

75. 許雪姬訪問，日治時期在「滿洲」的臺灣人〔Z〕，臺北：中央研究院近代史所，2002。

76. 時報雜誌編輯部，臺灣地方勢力分析〔M〕，臺北：時報文化出版，1985。

77. 李筱峰，臺灣戰後初期的民意代表〔M〕，臺北：自立晚報，1993。

78. 許雪姬、呂芳上、黃克吾等訪問，戒嚴時期臺北地區政治案件口述歷史第一輯〔Z〕，臺北：中央研究院近代史所，1999。

79. 陳世宏、周琇環編注，組黨運動——戰後臺灣民主運動史料彙編（二）〔Z〕，臺北：國史館，2000。

80. 歐素瑛編注，地方自治與選舉——戰後臺灣民主運動史料彙編（五）〔Z〕，臺北：國史館，2001。

81. 張崑山、黃政雄主編，地方派系與臺灣政治〔M〕，臺北：聯合報社出版社，1996。

82. 行政院研究二二八事件小組，柯遠芬暨彭孟緝回憶錄〔Z〕，臺北：1992。

83. 行政院研究二二八事件小組，附錄二：重要口述歷史（一）〔Z〕，臺北：1992。

84. 行政院研究二二八事件小組，附錄二：重要口述歷史（二）〔Z〕，臺北：1992。

85. 臺灣省文獻委員會編印，二二八事件文獻輯錄〔Z〕，1991。

86. 臺灣省文獻委員會編印，二二八事件文獻補錄〔Z〕，1994。

87. 臺灣省文獻委員會編印，二二八事件文獻續錄〔Z〕，1992。

88. 許雪姬訪問,柯臺山先生訪問紀錄〔Z〕,臺北:中央研究院近代史所,1997。

89. 謝漢儒,早期臺灣民主運動與雷震紀事——爲歷史留見證〔Z〕,臺北:桂冠圖書股份有限公司,2002。

90. 陳三井,臺灣近代史事與人物〔M〕,臺灣商務印書館,1988。

91. 施明雄著,臺灣人受難史〔M〕,前衛出版社,1998。

92. 陳三井,臺北市發展史第一冊〔M〕,臺北市文獻委員會,1986。

93. 彭明敏,自由的滋味——彭明敏回憶錄〔Z〕,臺北:前衛出版社,1989。

94. 周琇環、陳世宏主編,組黨運動——戰後臺灣民主運動史料彙編(二)〔Z〕,臺北:國史館,2000。

95. 歐素英編注,地方自治與選舉——戰後臺灣民主運動史料彙編(五)〔Z〕,臺北:國史館,2001。

96. 廖忠俊著,臺灣地方派系及其主要領導人物〔M〕,臺北:允晨文化公司,2001。

97. 陳翠蓮,派系鬥爭與權謀政治——二二八悲劇的另一面相〔D〕,臺北:時報出版社,1995。

98. 林木順,臺灣二月革命〔Z〕,臺北:前衛出版社,1990。

99. 林金莖,戰後中日關係之實證研究〔M〕,臺北:中日關係研究會,1984。

100. 林德龍輯著、陳芳明導讀,二二八官方機密史料〔Z〕,自立晚報文化出版部,1992。

101. 李翼中,帽檐述事〔Z〕,中央研究院近代史所編,二二八事件資料選輯(二)〔Z〕,臺北:中研院近代史所,1992。

102. 張炎憲、陳美蓉、黎中光編,臺灣史與臺灣史料(二)〔M〕,臺北:吳三連基金會,1995。

103. 臺灣省文獻委員會編,抗戰與臺灣光復史料輯要〔Z〕,南投市:臺灣省文獻委員會印,1995。

104. 黃富三、許雪姬等,口述歷史第四期〔Z〕,臺北:中央研究院近代史所,1993。

105. 臧士俊著、黃英哲導讀,戰後日、中、臺三角關係〔M〕,臺北:前衛出版社,1997。

106. 陳榮儒編著,FAPA 與國會外交(1982～1995)〔M〕,臺北:前衛出版社,2004。

107. 戴寶村編,臺灣全志——卷十職官志文職表〔Z〕,臺北:國史館臺灣文獻館,2004。

108. 臺灣省文獻委員會,重修臺灣省通志〔Z〕,卷八職官志文職表篇武職表

篇， 1993。

109. 臺灣省文獻委員會，臺灣近代史（政治篇）〔M〕，1995。

110. 吳文星，日據時期臺灣社會領導階層之研究〔M〕，正中書局，1992。

111. 陳鳴鐘、陳興唐主編，臺灣光復和光復後五年省情（上）（下）〔Z〕，南京出版社，1989。

112. 薛化元主編，臺灣歷史年表〔M〕，終戰篇 I（1945～1965），臺北：業強出版社，1993。

113. 薛化元主編，臺灣歷史年表〔M〕，終戰篇 II（1966～1978），臺北：聯經出版社，1990。

114. 實藤惠秀，中國人日本留學史〔M〕，東京：1960。

115. Claude Geoffroy，臺灣獨立運動——起源及 1945 年以後的發展〔M〕，前衛出版社，1997。

116. Lande, Carl H, "Introduction: The Dyadic Basis of Clientelism." California: University of California Press.　1977.

117. 蔡培火，日據時期臺灣民族運動〔J〕，臺灣文獻，16 卷 2 期，1965 年 6 月，第 171 頁。

118. 張炎憲、黎光中、胡慧玲，永不止息的等待——陳炘遺屬訪問錄〔J〕，臺灣史料研究，1998 年，第 12 號。

119. 張炎憲、高淑媛，一位老臺共的心路歷程——莊春火訪問記錄〔J〕，臺灣史料研究，1993 年第 2 號。

120. 張炎憲、曾秋美，一個時代的游俠：劉明——劉心心口述歷史記錄〔J〕，臺灣史料研究，2002 年第 19 號。

121. 李登輝，終戰前後兩個時代的臺灣文化比較〔J〕，臺灣史料研究，2002 年第 19 號。

122. 臺灣史研究會論文集第二集〔C〕，臺北：臺灣史研究會出版，1990。

123. 〔日〕升味準之輔，日本政治史（第一、二、三、四冊）〔M〕，北京：商務印書館，1997。

124. 黃頌顯，臺灣與日本關係史新論〔M〕，臺北：海峽學術出版社，2003。

125. 〔日〕豬口孝著賴郁君譯，日本經濟大國的政治運作〔M〕，臺北：月旦出版社，1995。

126. 蘇進添，日本保守政治剖析〔M〕，臺北：致良出版社，1992。

127. 陳芳明編，臺灣戰後史料選——二二八事件專輯〔Z〕，臺北：自立晚報出版部，1991。

128. 〔日〕若林正丈著、洪金珠、許佩賢譯，臺灣分裂國家與民主化〔M〕，臺北：月旦出版社，1994。

129. 黃靜嘉，春帆樓下晚濤急〔M〕，臺灣商務印書館，2002。

130. 施正鋒，臺灣民族正義〔Z〕，臺北：前衛出版社，2003。

131. 施正鋒，臺灣民族主義〔Z〕，臺北：前衛出版社，1994。

132. 戴國輝葉芸芸，愛憎二二八〔M〕，臺北：遠流出版社，1992。

133. 李祖基編，二二八事件報刊資料彙編，臺北：海峽學術出版社，2007。

134. 吳三連、蔡培火、葉榮鐘等，臺灣民族運動史〔M〕，臺北：自立晚報社，1990。

135. 王詩琅譯注，臺灣社會運動史——文化運動〔Z〕，臺北縣：稻鄉出版社，1995。

136. 翁佳音譯注，臺灣社會運動史——勞工運動右派運動〔Z〕，臺北縣：稻鄉出版社，1992。

137. 前衛出版社編，臺灣論風暴〔Z〕，臺北：前衛出版社，2001。

138. 黃俊傑著，臺灣意識與臺灣文化〔M〕，臺北：正中書局，2000。

139. 陳小沖著，日本殖民統治臺灣五十年史〔M〕，北京：社會科學文獻出版社，2005。

140. 李祖基主編，臺灣研究 25 年精粹——歷史篇〔C〕，北京：九州島出版社，2005。

141. 賴澤涵總主筆，二二八事件研究報告〔R〕，臺北：時報出版社，1994。

142. 眞相研究小組，二二八事件責任歸屬研究報告〔R〕，臺北，財團法人二二八事件紀念基金會，2006。

143. 編輯委員會，口述歷史〔Z〕，二二八事件專號，臺北：中央研究院近代史研究所，1992。

144. 鄧孔昭編，二二八事件資料集〔Z〕，臺北縣：稻鄉出版社，1991。

145. 李敖編著，二二八研究〔Z〕，臺北：李敖出版社，1989。

146. 劉國深著，當代臺灣政治分析〔M〕，九州島出版社，2002。

147. 林勁，「臺獨」研究論集〔M〕，臺北：海峽學術出版社，1993。

148. 徐博東，透析臺灣民進黨〔M〕，臺海出版社，2003。

149. 陳明通，派系政治與臺灣政治變遷〔M〕，臺北：新自然主義股份有限公司，2001。

後　記

　　本書的順利完成，首先要感謝我的恩師林仁川先生。先生的錄取和培養
之恩是永生難忘的；先生因材施教的培養方式使我能夠自由閱讀和選擇屬於
臺灣現代政治史範圍的博士論文題目；先生在百忙之中爲我修改七稿，精益
求精。先生嚴謹的學術思想和學術風範使我受益匪淺，並將使我未來的科研
工作更加嚴謹、科學和具有創造性。

　　其次要感謝臺灣研究院劉國深、游澤民等院領導、全體老師尤其是歷史
所的老師們。院領導爲我們提供了一個良好的生活科研環境。選擇和寫作本
書，受到了周翔鶴、鄧孔昭、李祖基、陳小沖等老師的啓發和幫助。2004 年
入學不久，博士同學湯韻旋和我去拜訪周翔鶴先生，他談到知識分子在臺灣
政壇的巨大影響和李登輝的思維模式，啓發了我的閱讀和研究方向，當時的
情景至今仍然歷歷在目。

　　本書的順利完成，要感謝岳父林壽山、岳母吳文靜和妻子林璐璐。沒有
他們對我家庭的支撐和對我經濟上的支持，就沒有我三年來的研究工作。

　　在此也感謝我的父親李文通和慈母高蘭英，以及 1994 年 9 月招收我進入
揚州大學並引導我走上學術之路的周新國導師！父母之恩德與恩師之教導，
永生難忘！

　　最後，感謝高小娟女士、楊嘉樂女士，以及臺灣花木蘭文化出版社其他
朋友爲此書再版所付出的努力！